石油企业岗位练兵手册

变电站值班员

(生产辅助单位专用)

(第二版)

大庆油田有限责任公司　编

石油工业出版社

内容提要

本书采用问答形式，对变电站值班员需要掌握的知识和技能进行了详细介绍，主要内容分为基本素养、基础知识、基本技能三部分。基本素养包括企业文化、发展纲要和职业道德等内容，基础知识包括与变电站值班员岗位密切相关的专业知识和HSE知识等内容，基本技能包括操作技能和常见故障判断处理等内容。本书内容丰富翔实，紧贴生产操作实际，易于查阅，问答条理清晰，逻辑性强。本书适合变电站值班员阅读使用。

图书在版编目（CIP）数据

变电站值班员 / 大庆油田有限责任公司编. —2版. —北京：石油工业出版社，2023.8

（石油企业岗位练兵手册）

生产辅助单位专用

ISBN 978-7-5183-6089-5

Ⅰ.①变… Ⅱ.①大… Ⅲ.①变电所-电工-技术手册 Ⅳ.① TM63-62

中国国家版本馆 CIP 数据核字（2023）第 123487 号

出版发行：石油工业出版社

（北京市朝阳区安华里二区1号楼　100011）

网　　址：www.petropub.com

编辑部：(010) 64523602

图书营销中心：(010) 64523633

经　销：全国新华书店

印　刷：北京中石油彩色印刷有限责任公司

2023年8月第2版　2023年8月第1次印刷

880×1230毫米　开本：1/32　印张：5.875

字数：147千字

定价：45.00元

（如发现印装质量问题，我社图书营销中心负责调换）

版权所有，翻印必究

《变电站值班员（生产辅助单位专用）》编委会

主　　任：陶建文
执行主任：李钟磬
副 主 任：夏克明　宋宝成
委　　员：全海涛　崔　伟　张智博　武　威　袁志芳
　　　　　宋丽娜　王　平　杨　鑫　高　楠

《变电站值班员（生产辅助单位专用）》编审组

孟庆祥	李　馨	王恒斌	常　城	刘海波	王海峰
孙晓飞	刘彦明	高良宝	王丽华	刘　力	刘汉武
尉景云	张国辉	张　华	张　敏	李卫星	孙建平
高秀丽	王　静	谭克伟	李　龙	宋文龙	冯　德
赵　阳	于海龙	王　辉	陈雅东	乔　梁	赵湘明
程殿全	雷　达	杨　晨	张华琪	姜玖志	鲁秋石
温　博					

　　岗位练兵是大庆油田的优良传统,是强化基本功训练、提升员工素质的重要手段。新时期、新形势下,按照全面加强"三基"工作的有关要求,为进一步强化和规范经常性岗位练兵活动,切实提高基层员工队伍的基本素质,按照"实际、实用、实效"的原则,大庆油田有限责任公司人事部组织编写、修订了基层员工《石油企业岗位练兵手册》丛书。围绕提升政治素养和业务技能的要求,本套丛书架构分为基本素养、基础知识、基本技能三部分,基本素养包括企业文化(大庆精神铁人精神、优良传统)、发展纲要和职业道德等内容;基础知识包括与工种岗位密切相关的专业知识和HSE知识等内容;基本技能包括操作技能和常见故障判断处理等内容。本套丛书的编写,严格依据最新行业规范和技术标准,同时充分结合目前专业知识更新、生产设备调整、操作工艺优化等实际情况,具有突出的实用性和规范性的特点,既能作为基层开展岗位练兵、提高业务技能的实用教材，也可以作为员工岗位自学、单位开展技能竞赛的参考资料。

希望各单位积极应用，充分发挥本套丛书的基础性作用，持续、深入地抓好基层全员培训工作，不断提升员工队伍整体素质，为实现公司科学发展提供人力资源保障。同时，希望各单位结合本套丛书的应用实践，对丛书的修改完善提出宝贵意见，以便更好地规范和丰富丛书内容，为基层扎实有效地开展岗位练兵活动提供有力支撑。

大庆油田有限责任公司人事部

2023 年 4 月 28 日

目录

第一部分 基本素养

一、企业文化 …………………………………………001

（一）名词解释 ……………………………………001

1. 石油精神 ……………………………………001
2. 大庆精神 ……………………………………001
3. 铁人精神 ……………………………………001
4. 三超精神 ……………………………………002
5. 艰苦创业的六个传家宝 ……………………002
6. 三要十不 ……………………………………002
7. 三老四严 ……………………………………002
8. 四个一样 ……………………………………002
9. 思想政治工作"两手抓" ……………………003
10. 岗位责任制管理 …………………………003
11. 三基工作 …………………………………003

12. 四懂三会 …………………………………………… 003
　　13. 五条要求 …………………………………………… 004
　　14. 会战时期"五面红旗" ……………………………… 004
　　15. 新时期铁人 ………………………………………… 004
　　16. 大庆新铁人 ………………………………………… 004
　　17. 新时代履行岗位责任、弘扬严实作风"四条
　　　　要求" ……………………………………………… 004
　　18. 新时代履行岗位责任、弘扬严实作风"五项
　　　　措施" ……………………………………………… 004

（二）问答 ………………………………………………… 004
　　1. 简述大庆油田名称的由来。 ……………………… 004
　　2. 中共中央何时批准大庆石油会战？ ……………… 004
　　3. 什么是"两论"起家？ …………………………… 005
　　4. 什么是"两分法"前进？ ………………………… 005
　　5. 简述会战时期"五面红旗"及其具体事迹。 …… 005
　　6. 大庆油田投产的第一口油井和试注成功的第一口
　　　 水井各是什么？ …………………………………… 006
　　7. 大庆石油会战时期讲的"三股气"是指什么？ … 006
　　8. 什么是"九热一冷"工作法？ …………………… 006
　　9. 什么是"三一""四到""五报"交接班法？ …… 006
　　10. 大庆油田原油年产5000万吨以上持续稳产的时间
　　　　是哪年？ ………………………………………… 006
　　11. 大庆油田原油年产4000万吨以上持续稳产的时间
　　　　是哪年？ ………………………………………… 007

12. 中国石油天然气集团有限公司企业精神是什么? …… 007
13. 中国石油天然气集团有限公司的主营业务是什么? …… 007
14. 中国石油天然气集团有限公司的企业愿景和价值追求分别是什么? …… 007
15. 中国石油天然气集团有限公司的人才发展理念是什么? …… 007
16. 中国石油天然气集团有限公司的质量安全环保理念是什么? …… 007
17. 中国石油天然气集团有限公司的依法合规理念是什么? …… 008

二、发展纲要 …… 008

(一) 名词解释 …… 008
1. 三个构建 …… 008
2. 一个加快 …… 008
3. 抓好"三件大事" …… 008
4. 谱写"四个新篇" …… 008
5. 统筹"五大业务" …… 008
6. "十四五"发展目标 …… 008
7. 高质量发展重要保障 …… 008

(二) 问答 …… 009
1. 习近平总书记致大庆油田发现 60 周年贺信的内容是什么? …… 009

2. 当好标杆旗帜、建设百年油田的含义是什么？ ……… 009
3. 大庆油田60多年的开发建设取得的辉煌历史有
　　哪些？ …………………………………………… 010
4. 开启建设百年油田新征程两个阶段的总体规划
　　是什么？ ………………………………………… 010
5. 大庆油田"十四五"发展总体思路是什么？ ……… 010
6. 大庆油田"十四五"发展基本原则是什么？ ……… 011
7. 中国共产党第二十次全国代表大会会议主题
　　是什么？ ………………………………………… 011
8. 在中国共产党第二十次全国代表大会上的报告中，
　　中国共产党的中心任务是什么？ ……………… 011
9. 在中国共产党第二十次全国代表大会上的报告中，
　　中国式现代化的含义是什么？ ………………… 011
10. 在中国共产党第二十次全国代表大会上的报告中，
　　两步走是什么？ ………………………………… 012
11. 在中国共产党第二十次全国代表大会上的报告中，
　　"三个务必"是什么？ …………………………… 012
12. 在中国共产党第二十次全国代表大会上的报告中，
　　牢牢把握的"五个重大原则"是什么？ ………… 012
13. 在中国共产党第二十次全国代表大会上的报告中，
　　十年来，对党和人民事业具有重大现实意义和深
　　远意义的三件大事是什么？ …………………… 012
14. 在中国共产党第二十次全国代表大会上的报告中，
　　坚持"五个必由之路"的内容是什么？ ………… 012

三、职业道德 ……………………………………… 013

（一）名词解释 …………………………………… 013
1. 道德 …………………………………………… 013
2. 职业道德 ……………………………………… 013
3. 爱岗敬业 ……………………………………… 013
4. 诚实守信 ……………………………………… 013
5. 劳动纪律 ……………………………………… 013
6. 团结互助 ……………………………………… 013

（二）问答 ………………………………………… 014
1. 社会主义精神文明建设的根本任务是什么？ ……… 014
2. 我国社会主义道德建设的基本要求是什么？ ……… 014
3. 为什么要遵守职业道德？ ……………………… 014
4. 爱岗敬业的基本要求是什么？ ………………… 014
5. 诚实守信的基本要求是什么？ ………………… 014
6. 职业纪律的重要性是什么？ …………………… 015
7. 合作的重要性是什么？ ………………………… 015
8. 奉献的重要性是什么？ ………………………… 015
9. 奉献的基本要求是什么？ ……………………… 015
10. 企业员工应具备的职业素养是什么？ ………… 015
11. 培养"四有"职工队伍的主要内容是什么？ …… 015
12. 如何做到团结互助？ ………………………… 015
13. 职业道德行为养成的途径和方法是什么？ …… 016
14. 员工违规行为处理工作应当坚持的原则是什么？ …016
15. 对员工的奖励包括哪几种？ ………………… 016

16. 员工违规行为处理的方式包括哪几种？ …………… 016

17. 《中国石油天然气集团公司反违章禁令》有哪些规定？ …………………………………………………… 016

第二部分　基础知识

一、专业知识 …………………………………………… 018

（一）名词解释 …………………………………………… 018

1. 倒闸操作 ………………………………………………… 018
2. 运行状态 ………………………………………………… 018
3. 热备用状态 ……………………………………………… 018
4. 冷备用状态 ……………………………………………… 018
5. 检修状态 ………………………………………………… 018
6. 倒闸操作四对照 ………………………………………… 019
7. 操作中装置故障解锁 …………………………………… 019
8. 操作中非装置故障解锁 ………………………………… 019
9. 配合检修解锁 …………………………………………… 019
10. 运行中维护解锁 ………………………………………… 019
11. 紧急解锁 ………………………………………………… 019
12. 三权 ……………………………………………………… 019
13. 变压器瓦斯保护 ………………………………………… 019
14. 变压器差动保护 ………………………………………… 019
15. 过电流保护 ……………………………………………… 019

16. 速断过电流保护 ················· 019
17. 自动重合闸装置 ················· 020
18. 线路纵差动保护 ················· 020
19. 备自投 ························· 020
20. 电力网 ························· 020
21. 电力系统 ······················· 020
22. 一次设备 ······················· 020
23. 二次设备 ······················· 020
24. 设备缺陷 ······················· 020
25. 开关 ··························· 020
26. 刀闸 ··························· 020
27. 变压器正常过负荷 ··············· 021
28. 变压器事故过负荷 ··············· 021
29. 变压器无载调压 ················· 021
30. 变压器有载调压 ················· 021
31. 互感器变比 ····················· 021
32. 运用中的电气设备 ··············· 021
33. 低压 ··························· 021
34. 高压 ··························· 021
35. 交流系统中一个电气连接部分 ····· 021
36. 系统接地 ······················· 021
37. 全所失电 ······················· 021
38. 全所停电 ······················· 021
39. 开关跳闸 ······················· 022
40. 操作电源 ······················· 022

41. 预告信号 ·· 022
42. 事故信号 ·· 022
43. 操作票 ··· 022
44. 工作票 ··· 022
45. SOE ··· 022
46. RTU ··· 022
47. 规约 ··· 022

(二) 问答·· 022

1. 设备缺陷有哪几种类型？ ····························· 022
2. 电气设备最高允许温度是多少（在环境温度 25℃、湿度小于或等于 80%、正常负荷、风力小于或等于 3 级的条件下）？ ·································· 023
3. 变压器的作用是什么？ ································ 023
4. 变压器由哪几部分构成？ ···························· 024
5. 变压器铁芯的作用是什么？ ························· 024
6. 变压器绕组的作用是什么？ ························· 024
7. 变压器油枕（储油柜）的作用是什么？ ········· 024
8. 油在变压器中的作用是什么？ ····················· 024
9. 不同标号的变压器油混用有哪些危害？ ········ 024
10. 变压器绝缘套管的作用是什么？ ················ 024
11. 变压器调压装置的作用是什么？ ················ 025
12. 变压器净油器的作用是什么？ ··················· 025
13. 变压器压力释放阀（防爆管）的作用是什么？ ·· 025
14. 变压器呼吸器的作用是什么？ ··················· 025

15. 气体继电器的作用是什么？ ……………………………… 025
16. 油浸变压器温度在运行中有什么规定？ ……………… 025
17. 运行中油浸变压器上层油温为什么不宜经常
    超过85℃？ …………………………………………………… 025
18. 主变特殊巡视的项目有哪些？ ………………………… 026
19. 运行中的变压器在什么情况下停用差动保护？ …… 026
20. 如何根据瓦斯继电器取出的气体判断变压器的
    故障性质？ …………………………………………………… 026
21. 互感器由哪几部分组成？ ……………………………… 026
22. 互感器有哪些用途？ …………………………………… 026
23. 电压互感器正常停运的操作程序是什么？ ………… 027
24. 电压互感器二次侧为什么必须接地？ ……………… 027
25. 两组电压互感器并列运行的条件是什么？ ………… 027
26. 电压互感器在什么情况下立即停运？ ……………… 027
27. 电压互感器在哪些情况下不能直接用刀闸操作？ … 027
28. 运行中的电压互感器二次侧为什么不允许短路？ … 027
29. 运行中的电流互感器二次侧为什么不允许开路？ … 028
30. 电流互感器为什么不允许长时间过负荷运行？ …… 028
31. 未查明电容器故障跳闸原因前为什么严禁强
    送电？ ………………………………………………………… 028
32. 操作电容器的注意事项有哪些？ ……………………… 028
33. 并联电容器在电力系统中有哪些作用？ …………… 028
34. 电容器的异常现象有哪些？ …………………………… 029
35. 电容器在什么情况下立即退出运行？ ……………… 029
36. 电抗器的作用是什么？ ………………………………… 029

37. 消弧线圈的作用是什么？……………………………… 029
38. 电力系统中性点接地方式有几种？…………………… 029
39. 消弧线圈的补偿方式有几种？………………………… 029
40. 消弧线圈在两台主变中性点之间切换时应注意什么？……………………………………………………… 030
41. 主变压器和消弧线圈一起停电时有什么要求？…… 030
42. 母线的作用是什么？…………………………………… 030
43. 母线涂漆着色的作用是什么？………………………… 030
44. 母线电压消失时为什么电容器应退出运行？……… 030
45. 母线在特殊情况下需要巡视的内容有哪些？……… 030
46. 绝缘子的作用是什么？………………………………… 030
47. 避雷针的接地电阻一般不允许超过多少？………… 031
48. 高压开关的作用是什么？……………………………… 031
49. 小车开关位置有哪几种状态？………………………… 031
50. 开关遇有哪些情况应立即停电处理？……………… 031
51. SF_6 开关发生气压闭锁如何处理？………………… 031
52. 当 SF_6 设备发生大量泄漏时，应怎么办？………… 031
53. 户外开关机构箱加热装置的作用是什么？………… 031
54. 户外开关机构箱内加热装置在什么时间投入或退出？……………………………………………………… 032
55. 二次系统的任务是什么？……………………………… 032
56. 自动重合闸的作用是什么？…………………………… 032
57. 闪光电源的作用是什么？……………………………… 032
58. 直流母线电压过高或过低的危害有哪些？………… 032
59. 直流系统两点接地的危害有哪些？………………… 032

60. 电流互感器二次回路开路时的现象有哪些？ ……… 032
61. 清扫二次线时的注意事项有哪些？ …………… 033
62. 如何阅读原理图？ …………………………… 033
63. 如何管理综合自动化变电所控制盘上的"远方/就地"切换开关？ ………………………… 033
64. 事故信号的主要作用是什么？ ………………… 033
65. 预告信号的主要作用是什么？ ………………… 033
66. 常规变电所光字牌的作用是什么？ …………… 034
67. 音响信号与灯光信号的作用是什么？ ………… 034
68. 开关操作回路中红灯和绿灯各有什么用途？ …… 034
69. UPS 的作用是什么？ ………………………… 034
70. 故障录波装置的作用是什么？ ………………… 034
71. 如何计算倍率？如何计算电量（以 24h 电量计算为例）？ ………………………………… 035
72. 绝缘监察装置的作用是什么？ ………………… 035
73. 检修开关时为什么必须把二次回路电源断开？ … 035
74. 巡视设备时应从哪几个方面考虑安全措施？ …… 035
75. 进行高压设备巡视时，有哪些注意事项？ …… 035
76. 标准化巡视方法有哪几种？ …………………… 035
77. 在哪些情况下需要进行设备特殊巡视？ ……… 036
78. 高压设备发生接地后巡视设备时有哪些注意事项？ ………………………………………… 036
79. 电气设备有几种状态？ ………………………… 036
80. 防误闭锁装置"五防"功能的内容有哪些？ …… 036
81. 误操作的危害有哪些？ ………………………… 036

82. 引起误操作的原因有哪些？ ………………………… 036
83. 防止误操作的措施有哪些？ ………………………… 037
84. 倒闸操作票应填写的动项有哪些？ ………………… 037
85. 倒闸操作中唱票复诵时的注意事项有哪些？ ……… 038
86. 停、送电操作顺序是什么？ ………………………… 038
87. 倒闸操作中产生疑问时怎么办？ …………………… 038
88. 受令人在受理调度下达的操作预令时，应在操作综合令票内填写哪些内容？ ………………… 038
89. 运行人员对于调度下达的操作命令应该怎么执行？ ……………………………………………… 038
90. 审核倒闸操作票有哪几级？ ………………………… 039
91. 操作票审核的依据有哪些？ ………………………… 039
92. 倒闸操作票允许执行的标志是什么？ ……………… 039
93. 什么时间是操作开始时间？ ………………………… 039
94. 执行操作时要求"操作人在前，监护人在后"的目的是什么？ …………………………………… 039
95. 操作时为什么要高声唱票、高声复诵？ …………… 039
96. 倒闸操作结束后，应对本次操作进行哪些方面的总结？ …………………………………………… 040
97. 停电操作为什么先拉开关，后拉刀闸？ …………… 040
98. 拉开开关后为什么要检查开关确在开位？ ………… 040
99. 操作刀闸前为什么要检查开关确在开位？ ………… 040
100. 停电操作时，为什么先拉负荷侧刀闸，后拉母线侧刀闸？ ………………………………………… 040
101. 用操作把手操作开关有哪些要领？ ………………… 041

102. 操作刀闸有哪些要领？ ……………………………… 041

103. 操作熔断器时有哪些注意事项？ ……………………… 041

104. 正常操作所用变的注意事项有哪些？ ………………… 042

105. 检修所用变时在低压侧装设接地线的目的是
什么？ ……………………………………………………… 042

106. 当某一台电压互感器停运时，为什么要先合上
电压互感器二次切换开关？ …………………………… 042

107. 检修后的设备送电前需要进行哪些检查？ ………… 042

108. 并列运行的变压器，当停运其中一台时，为什么
要检查主变表计指示是否正确？ ……………………… 043

109. 开、合 110kV 主变的高压侧开关时，为什么要
将主变的中性点直接接地？ …………………………… 043

110. 电压互感器二次并列前为什么要检查相应的
母联开关在合闸位置？ ………………………………… 043

111. 两台电压互感器二次并列合上二次切换开关后，
为什么要检查二次确已切换？ ………………………… 043

112. 检修电压互感器时为什么要断开二次空气开关或
熔断器？ ………………………………………………… 044

113. 用母联开关向检修母线送电时为什么要投入母联
充电保护压板？母线充电完毕为什么要及时退出
母联充电保护？ ………………………………………… 044

114. 倒闸操作票由谁填写，正确性由谁负责？ ………… 044

115. 为什么操作前要进行"四对照"？ …………………… 044

116. 倒闸操作过程若因故中断，在恢复操作时应怎
样做？ …………………………………………………… 044

117. 录音有哪些作用？ ··· 045
118. 模拟图的作用是什么？ ··· 045
119. GIS 中断路器与其他电气元件为什么必须分为不同的气室？ ·· 045
120. GIS 的 SF_6 系统分为几个部分？ ······························ 045
121. 什么是 GIS 的 SF_6 气隔单元？ ······························ 045
122. 什么是 GIS 的 SF_6 气体监控装置？ ························ 045
123. GIS 的 SF_6 系统的控制方式分几种？ ······················ 046
124. 什么是智能变电站？ ··· 046
125. 什么是合并单元？ ··· 046
126. 什么是智能终端？ ··· 046
127. 站用交直流一体化电源系统由哪几部分组成？ ···· 046
128. 在变电所工作时为何要穿棉工作服？ ················ 046
129. 操作一次设备为什么必须穿戴绝缘护具？ ········· 047
130. 绝缘手套使用前应进行哪些检查？ ···················· 047
131. 如何正确戴绝缘手套？ ·· 047
132. 绝缘靴使用前应进行哪些检查？ ·························· 047
133. 如何正确穿绝缘靴？ ··· 047
134. 解锁钥匙使用后应如何进行管理？ ···················· 047
135. 防误装置解锁类型有哪几种？ ····························· 047
136. 在操作中遇到防误装置故障或非装置故障，需解锁时应执行哪些程序？ ······························· 048
137. 在检修过程中，配合检修单位工作，需将防误装置解锁时应执行哪些程序？ ······················· 048

138. 运行中对锁具进行维护，需将防误装置解锁时
应执行哪些程序？ ·················· 048

139. 遇有危及人身、电网和设备安全等紧急情况，
需将防误装置解锁时应执行哪些程序？ ········· 049

140. 操作过程中如遇有程序锁打不开等问题时，
应怎样处理？ ····················· 049

141. 什么是电脑钥匙跳步操作？ ············· 049

142. 什么是应急解锁操作？ ··············· 049

143. 什么是机械锁应急解锁？ ·············· 049

144. 什么是电气锁应急解锁？ ·············· 050

145. 怎样进行应急解锁后的状态设置？ ········· 050

146. 怎样使用标准化用语来接听调度下达的操作
任务电话？ ······················ 050

147. 操作完毕怎样使用标准化用语向调度汇报操作
结果？ ························ 050

148. 向调度汇报设备缺陷时应说清哪几方面内容
（举例：1号主变瓦斯继电器底部渗油）？ ······ 050

149. 发生事故时，向调度汇报的基本原则是什么？ ···· 051

150. 发生事故时应向调度汇报哪些内容？ ········ 051

151. 接受、办理第一种工作票时，怎样使用标准化
工作用语与调度进行联系？ ·············· 051

152. 哪些工作需填电气第一种工作票？ ········· 051

153. 哪些工作需填电气第二种工作票？ ········· 052

154. 哪些设备同时停、送电，可使用一张电气第一种
工作票？ ······················· 052

155. "已执行"章如何使用？ …………………………… 052
156. 一个人可以同时兼任一张工作票的工作票签发人、工作负责人和工作许可人吗？ …………………… 052
157. 工作票签发人的安全责任有哪些？ ……………… 052
158. 工作负责人的安全责任有哪些？ ………………… 052
159. 专责监护人的安全责任有哪些？ ………………… 053
160. 工作许可人的安全责任有哪些？ ………………… 053
161. 工作班成员的安全责任有哪些？ ………………… 053
162. 电气第一、二种工作票的有效时间以什么为限？ … 053
163. 工作票编号是如何规定的？ ……………………… 053
164. 工作票内单位栏、班组栏、工作班（组）人数栏和工作班（组）人员栏如何填写？ ………………… 053
165. 工作票内"工作地点和工作任务栏""计划工作时间栏"如何填写？ ………………………………… 054
166. 第一种工作票内"应拉开关和刀闸"栏如何填写？ ……………………………………………………… 054
167. 第一种工作票内"应装设接地线"栏应如何填写？ ……………………………………………………… 054
168. 第一种工作票内"应设遮栏、应挂标示牌"栏应如何填写？ ………………………………………… 055
169. 第一种工作票内"工作地点保留带电部分和补充安全措施"栏如何填写？ ………………………… 055
170. 第一种工作票中有接地刀闸和绝缘挡板时如何填写？ ……………………………………………… 055
171. 多单位持多张第一种工作票在同一单位同时进行作业时，小范围工作票如何办理？ ………… 055

172. 工作许可人在完成施工作业现场的安全措施后，
还应完成哪些手续？ ………………………………… 056
173. 变电所办理完工作许可手续后，还应履行哪些
手续后方可开始工作？ …………………………… 056
174. 作业期间，工作负责人在哪些情况下可以参加
工作班的工作？ …………………………………… 056
175. 工作过程中，转移工作地点有哪些要求？ ……… 056
176. 检修工作完毕后，如何办理工作终结手续？ …… 056
177. 摇表"L"和"E"端子反接有什么影响？ ………… 057
178. 用摇表测量绝缘电阻时，摇表的测量引线绞
在一起有什么影响？ ……………………………… 057
179. 用摇表测量绝缘电阻时，对于手摇发电机的
转速有什么规定？为什么？ ……………………… 057
180. 用摇表测量绝缘电阻时，摇测时间规定为多长
时间？为什么要这样规定？ ……………………… 057
181. 综合自动化变电所常见的异常现象有哪些？ …… 058
182. 如何区分系统接地、系统谐振以及电压互感器
一、二次熔断器熔断现象？ ……………………… 058
183. 如何区分开关跳闸后重合闸动作成功、不成功、
未动以及开关是否拒合？ ………………………… 058
184. 一键顺控的定义是什么？ ………………………… 059
185. 什么是一键顺控操作票？ ………………………… 059
186. 什么是隔离开关开、合闸位置"双确认"？ …… 059
187. 一键顺控技术适用范围有哪些？ ………………… 059
188. 变电所无线测温在线监测系统应满足哪些要求？ …… 060

189. 分析大风将杂物刮落到检修设备上，送电造成事故的原因及预防措施。………………………… 060
190. 分析带地线合闸送电事故原因及预防措施。…… 060
191. 分析走错间隔误拉刀闸事故原因及预防措施。… 061
192. 分析设备维护中无人监护造成触电事故原因及预防措施。……………………………………… 062
193. 分析单人清扫检修设备误碰带电部分造成触电亡人事故原因及预防措施。……………………… 062
194. 分析清扫二次设备造成保护误动事故原因及预防措施。……………………………………… 063
195. 分析不熟悉设备工作造成事故原因及预防措施。……………………………………………… 064
196. 分析未验电或验电位置不正确造成事故原因及预防措施。……………………………………… 064
197. 分析因误判断引起的事故原因及预防措施。…… 065
198. 分析因保护压板漏投或虚接造成事故原因及预防措施。……………………………………… 066
199. 分析二次设备进雨、雪造成事故原因及预防措施。……………………………………………… 066
200. 分析导线过松、电缆冻断、接点过热造成的事故原因及预防措施。……………………………… 067
201. 分析小动物上设备造成事故原因及预防措施。… 068

二、HSE 知识 ………………………………………… 068

（一）名词解释 ……………………………………… 068

  1. 静电 …………………………………………… 068

2. 电气火灾爆炸 …………………………… 068
3. 触电 ……………………………………… 068
4. 跨步电压触电 …………………………… 069
5. 电击伤害 ………………………………… 069
6. 违章操作 ………………………………… 069
7. 电力安全工器具 ………………………… 069
8. 基本绝缘安全用具 ……………………… 069
9. 辅助绝缘安全用具 ……………………… 069
10. 电伤 …………………………………… 069
11. 风险 …………………………………… 069
12. 危险 …………………………………… 069
13. 风险评价 ……………………………… 069
14. 风险控制 ……………………………… 069
15. 噪声 …………………………………… 070
16. 临时用电作业 ………………………… 070
17. 吊装作业 ……………………………… 070
18. 工作前安全分析 ……………………… 070
19. 作业许可 ……………………………… 070
20. 两书一表 ……………………………… 070
21. 属地 …………………………………… 070
22. 属地管理 ……………………………… 070
23. 事件 …………………………………… 070
24. 事故 …………………………………… 070

(二) 问答 ……………………………………… 071
　1. 变电站工作人员应符合哪些要求？ …… 071
　2. 如何正确佩戴安全帽？ ………………… 071

3. 安全帽有哪些情况时应报废? ……………………………… 071
4. 哪些原因容易导致发生机械伤害? …………………………… 071
5. 为防止机械伤害事故,有哪些安全要求? …………………… 071
6. 电气火灾与其他火灾相比有哪些特点? ……………………… 072
7. 变电所发生火灾如何报火警? ………………………………… 072
8. 电气设备发生火灾时如何处理? ……………………………… 072
9. 电气设备发生火灾时切断电源的注意事项有哪些? ………… 072
10. 灭火时与带电体的安全距离为多少? ………………………… 073
11. 变压器防火距离的要求有哪些? ……………………………… 073
12. 变电站涉及的高危作业主要包括哪些? ……………………… 073
13. 为了确保安全工器具的正常、正确和安全使用,
    应做好哪几方面工作? ………………………………………… 073
14. 触电急救有哪些原则? ………………………………………… 074
15. 触电急救要点有哪些? ………………………………………… 074
16. 高处坠落的原因有哪些? ……………………………………… 074
17. 高处坠落的消减措施有哪些? ………………………………… 074
18. 高处作业分级是如何划分的? ………………………………… 074
19. 移动式吊装作业分级是如何划分的? ………………………… 075
20. 临时用电作业分级是如何划分的? …………………………… 075

第三部分　基本技能

一、操作技能 …………………………………………………… 076

　　1. 填写值班记录。 …………………………………………… 076

2. 填写开关故障跳闸记录簿。……077
3. 填写设备缺陷记录簿。……078
4. 事故跳闸（配合检修）时填写相关记录。……079
5. 办理变电所第一种工作票许可手续。……079
6. 办理变电所第二种工作票许可手续。……081
7. 办理分界（临时）工作任务单许可手续。……083
8. 巡视检查变压器。……084
9. 巡视检查 SF_6 开关。……085
10. 巡视检查真空开关。……086
11. 巡视检查充油电压互感器。……087
12. 巡视检查刀闸。……088
13. 巡视检查电容器。……089
14. 巡视检查综合自动化系统。……090
15. 巡视检查保护盘、低压交流屏、直流屏。……091
16. 巡视检查控制屏、中央信号屏。……093
17. 验收变压器。……094
18. 验收真空开关。……095
19. 变电所倒闸操作。……096
20. 模拟预演。……099
21. 用操作把手操作开关。……100
22. 在后台遥控操作开关。……102
23. 操作刀闸。……103
24. 开关、刀闸操作效果的检查。……105
25. 高压设备验电。……106
26. 装设接地线。……108

27. 拆除接地线。……………………………………………………111

28. 操作压板。………………………………………………………112

29. 使用绝缘拉杆。…………………………………………………113

30. 使用500型万用表带电判断操作直流熔断器的好坏。……115

31. 使用数字万用表判断操作直流熔断器（或动力熔断器）的好坏。……………………………………………116

32. 使用数字万用表判断压板接触情况。…………………………119

33. 使用数字万用表测试直流（交流）电压。……………………120

34. 使用指针式万用表测量电阻。…………………………………121

35. 使用数字万用表进行所用变核相工作。………………………122

36. 使用钳型电流表测量交流电流。………………………………124

37. 使用兆欧表测量低压电缆绝缘电阻。…………………………125

38. 使用内阻仪测量蓄电池内阻。…………………………………128

39. 使用红外线测温仪测试设备温度。……………………………129

二、常见故障判断处理 ……………………………………………130

1. 变压器重瓦斯保护动作有什么现象？如何处理？……130

2. 110kV线路（双回线）故障开关跳闸，重合闸动作未成功有什么现象？如何处理？…………………………133

3. 变压器差动保护动作有什么现象？如何处理？……134

4. 变电所全所失电有什么现象？如何处理？…………136

5. 35kV线路故障保护动作跳闸（重合闸动作不成功）有什么现象？如何处理？…………………………………138

6. 6kV母线单相接地（并列运行）有什么现象？如何处理？………………………………………………………………140

7. 6kV 线路故障，开关跳闸，重合闸动作未成功有什么现象？如何处理？ ················ 141

8. 6kV Ⅱ段电压互感器一次熔断器熔断有什么现象？如何处理？ ················ 143

9. 6kV Ⅱ段电压互感器二次熔断器熔断有什么现象？如何处理？ ················ 145

10. 直流系统发生接地故障有什么现象？如何处理？ ··· 146

11. 三绕组变压器 110kV 复合电压闭锁过流保护动作有何现象？如何处理（6kV 侧分列运行）？ ········· 148

12. 三绕组变压器 6kV 总过流保护动作有何现象（6kV 侧分列运行）？如何处理？ ················ 150

13. 避雷器故障有什么现象？如何处理？ ··············· 152

14. 电压互感器故障有什么现象？如何处理？ ········· 152

15. 所用变故障有什么现象？如何处理？ ··············· 153

16. 开关套管严重破损有什么现象？如何处理？ ······ 154

17. 过负荷有什么现象？如何处理？ ······················ 154

18. 充电机停运有什么现象？如何处理？ ··············· 155

19. 电气设备火灾、爆炸有什么现象？如何处理？ ···· 156

参考文献 ··· 157

第一部分 基本素养

一、企业文化

（一）名词解释

1. 石油精神：石油精神以大庆精神铁人精神为主体，是对石油战线企业精神及优良传统的高度概括和凝练升华，是我国石油队伍精神风貌的集中体现，是历代石油人对人类精神文明的杰出贡献，是石油石化企业的政治优势和文化软实力。其核心是"苦干实干""三老四严"。

2. 大庆精神：为国争光、为民族争气的爱国主义精神；独立自主、自力更生的艰苦创业精神；讲究科学、"三老四严"的求实精神；胸怀全局、为国分忧的奉献精神，凝练为"爱国、创业、求实、奉献"8个字。

3. 铁人精神："为国分忧、为民族争气"的爱国主义精神；"宁肯少活二十年，拼命也要拿下大油田"的忘我拼搏精神；"有条件要上，没有条件创造条件也要上"的艰苦奋斗精神；"干工作要经得起子孙万代检查""为革命练一身硬功夫、真本事"的科学求实精神；"甘愿为党和人民当一辈子老黄牛"、埋头苦干的无私奉献精神。

4. 三超精神：超越权威，超越前人，超越自我。

5. 艰苦创业的六个传家宝：人拉肩扛精神，干打垒精神，五把铁锹闹革命精神，缝补厂精神，回收队精神，修旧利废精神。

6. 三要十不："三要"：一要甩掉石油工业的落后帽子；二要高速度、高水平拿下大油田；三要在会战中夺冠军，争取集体荣誉。"十不"：第一，不讲条件，就是说有条件要上，没有条件创造条件上；第二，不讲时间，特别是工作紧张时，大家都不分白天黑夜地干；第三，不讲报酬，干啥都是为了革命，为了石油，而不光是为了个人的物质报酬而劳动；第四，不分级别，有工作大家一起干；第五，不讲职务高低，不管是局长、队长，都一起来；第六，不分你我，互相支援；第七，不分南北东西，就是不分玉门来的、四川来的、新疆来的，为了大会战，一个目标，大家一起上；第八，不管有无命令，只要是该干的活就抢着干；第九，不分部门，大家同心协力；第十，不分男女老少，能干什么就干什么、什么需要就干什么。这"三要十不"，激励了几万职工团结战斗、同心协力、艰苦创业，一心为会战的思想和行动，没有高度觉悟是做不到的。

7. 三老四严：对待革命事业，要当老实人，说老实话，办老实事；对待工作，要有严格的要求，严密的组织，严肃的态度，严明的纪律。

8. 四个一样：对待革命工作要做到，黑天和白天一个样，坏天气和好天气一个样，领导不在场和领导在场一个样，没有人检查和有人检查一个样。

9. 思想政治工作"两手抓"：抓生产从思想入手，抓思想从生产出发。这是大庆人正确处理思想政治工作与经济工作关系的基本原则，也是大庆人思想政治工作的一条基本经验。

10. 岗位责任制管理：大庆油田岗位责任制，是大庆石油会战时期从实践中总结出来的一整套行之有效的基础管理方法，也是大庆油田特色管理的核心内容。其实质就是把全部生产任务和管理工作落实到各个岗位上，给企业每个岗位人员都规定出具体的任务、责任，做到事事有人管，人人有专责，办事有标准，工作有检查。它包括工人岗位责任制、基层干部岗位责任制、领导干部和机关干部岗位责任制。工人岗位责任制一般包括岗位专责制、交接班制、巡回检查制、设备维修保养制、质量负责制、岗位练兵制、安全生产制、班组经济核算制等8项制度；基层干部岗位责任制包括岗位专责制、工作检查制、生产分析制、经济活动分析制、顶岗劳动制、学习制度等6项制度；领导干部和机关干部岗位责任制包括岗位专责制、现场办公制、参加劳动制、向工人学习日制、工作总结制、学习制度等6项制度。

11. 三基工作：以党支部建设为核心的基层建设，以岗位责任制为中心的基础工作，以岗位练兵为主要内容的基本功训练。

12. 四懂三会：这是在大庆石油会战时期提出的对各行各业技术工人必备的基本知识、基本技能的基本要求，也是"应知应会"的基本内容。四懂即懂设备结构、懂设备原理、懂设备性能、懂工艺流程。三会即会操作、会维修保养、会排除故障。

13. 五条要求：人人出手过得硬，事事做到规格化，项项工程质量全优，台台在用设备完好，处处注意勤俭节约。

14. 会战时期"五面红旗"：王进喜、马德仁、段兴枝、薛国邦、朱洪昌。

15. 新时期铁人：王启民。

16. 大庆新铁人：李新民。

17. 新时代履行岗位责任、弘扬严实作风"四条要求"：要人人体现严和实，事事体现严和实，时时体现严和实，处处体现严和实。

18. 新时代履行岗位责任、弘扬严实作风"五项措施"：开展一场学习，组织一次查摆，剖析一批案例，建立一项制度，完善一项机制。

（二）问答

1. 简述大庆油田名称的由来。

1959年9月26日，新中国成立十周年大庆前夕，位于黑龙江省原肇州县大同镇附近的松基三井喷出了具有工业价值的油流，为了纪念这个大喜大庆的日子，当时黑龙江省委第一书记欧阳钦同志建议将该油田定名为大庆油田。

2. 中共中央何时批准大庆石油会战？

1960年2月13日，石油工业部以党组的名义向中共中央、国务院提出了《关于东北松辽地区石油勘探情况和今后部署问题的报告》。1960年2月20日中共中央正式批准大庆石油会战。

3. 什么是"两论"起家？

1960年4月10日，大庆石油会战一开始，会战领导小组就以石油工业部机关党委的名义作出了《关于学习毛泽东同志所著〈实践论〉和〈矛盾论〉的决定》，号召广大会战职工学习毛泽东同志的《实践论》《矛盾论》和毛泽东同志的其他著作，以马列主义、毛泽东思想指导石油大会战，用辩证唯物主义的立场、观点、方法，认识油田规律，分析和解决会战中遇到的各种问题。广大职工说，我们的会战是靠"两论"起家的。

4. 什么是"两分法"前进？

即在任何时候，对任何事情，都要用"两分法"，形势好的时候要看到不足，保持清醒的头脑，增强忧患意识，形势严峻的时候更要一分为二，看到希望，增强发展的信心。

5. 简述会战时期"五面红旗"及其具体事迹。

"五面红旗"喻指大庆石油会战初期涌现的五位先进榜样：王进喜、马德仁、段兴枝、薛国邦、朱洪昌。钻井队长王进喜带领队伍人拉肩扛抬钻机，端水打井保开钻，在发生井喷的危急时刻，奋不顾身跳下泥浆池，用身体搅拌泥浆制服井喷。钻井队长马德仁在泥浆泵上水管线冻结时，不畏严寒，破冰下泥浆池，疏通上水管线。钻井队长段兴枝在吊车和拖拉机不足的情况下，利用钻机本身的动力设施，解决了钻机搬家的困难。大庆油田第一个采油队队长薛国邦自制绞车，给第一批油井清蜡，又手持蒸汽管下到油池里化开凝结的原油，保证了大庆油田首次原油外运列车顺利启程。工程队队长朱洪昌在供水管线漏水时，用手捂着漏点，忍着灼烧的疼痛，让焊工焊接裂缝，保证了供水工程提前竣工。

6. 大庆油田投产的第一口油井和试注成功的第一口水井各是什么？

1960年5月16日，大庆油田第一口油井中7-11井投产；1960年10月18日，大庆油田第一口注水井7排11井试注成功。

7. 大庆石油会战时期讲的"三股气"是指什么？

对一个国家来讲，就要有民气；对一个队伍来讲，就要有士气；对一个人来讲，就要有志气。三股气结合起来，就会形成强大的力量。

8. 什么是"九热一冷"工作法？

大庆石油会战中创造的一种领导工作方法。是指在1旬中，有9天"热"，1天"冷"。每逢十日，领导干部再忙，也要坐在一起开务虚会，学习上级指示，分析形势，总结经验，从而把感性认识提高到理性认识上来，使领导作风和领导水平得到不断改进和提高。

9. 什么是"三一""四到""五报"交接班法？

对重要的生产部位要一点一点地交接、对主要的生产数据要一个一个地交接、对主要的生产工具要一件一件地交接。交接班时应该看到的要看到、应该听到的要听到、应该摸到的要摸到、应该闻到的要闻到。交接班时报检查部位、报部件名称、报生产状况、报存在的问题、报采取的措施，开好交接班会议，会议记录必须规范完整。

10. 大庆油田原油年产5000万吨以上持续稳产的时间是哪年？

1976年至2002年，大庆油田实现原油年产5000万吨以上连续27年高产稳产，创造了世界同类油田开发史上的奇迹。

11. 大庆油田原油年产4000万吨以上持续稳产的时间是哪年？

2003年至2014年，大庆油田实现原油年产4000万吨以上连续12年持续稳产，继续书写了"我为祖国献石油"新篇章。

12. 中国石油天然气集团有限公司企业精神是什么？

石油精神和大庆精神铁人精神。

13. 中国石油天然气集团有限公司的主营业务是什么？

中国石油天然气集团有限公司是国有重要骨干企业和全球主要的油气生产商和供应商之一，是集国内外油气勘探开发和新能源、炼化销售和新材料、支持和服务、资本和金融等业务于一体的综合性国际能源公司，在全球32个国家和地区开展油气投资业务。

14. 中国石油天然气集团有限公司的企业愿景和价值追求分别是什么？

企业愿景：建设基业长青世界一流综合性国际能源公司；

企业价值追求：绿色发展、奉献能源，为客户成长增动力、为人民幸福赋新能。

15. 中国石油天然气集团有限公司的人才发展理念是什么？

生才有道、聚才有力、理才有方、用才有效。

16. 中国石油天然气集团有限公司的质量安全环保理念是什么？

以人为本、质量至上、安全第一、环保优先。

17. 中国石油天然气集团有限公司的依法合规理念是什么？

法律至上、合规为先、诚实守信、依法维权。

 发展纲要

（一）名词解释

1. **三个构建**：一是构建与时俱进的开放系统；二是构建产业成长的生态系统；三是构建崇尚奋斗的内生系统。

2. **一个加快**：加快推动新时代大庆能源革命。

3. **抓好"三件大事"**：抓好高质量原油稳产这个发展全局之要；抓好弘扬严实作风这个标准价值之基；抓好发展接续力量这个事关长远之计。

4. **谱写"四个新篇"**：奋力谱写"发展新篇"；奋力谱写"改革新篇"；奋力谱写"科技新篇"；奋力谱写"党建新篇"。

5. **统筹"五大业务"**：大力发展油气业务；协同发展服务业务；加快发展新能源业务；积极发展"走出去"业务；特色发展新产业新业态。

6. **"十四五"发展目标**：实现"五个开新局"，即稳油增气开新局；绿色发展开新局；效益提升开新局；幸福生活开新局；企业党建开新局。

7. **高质量发展重要保障**：思想理论保障；人才支持保障；基础环境保障；队伍建设保障；企地协作保障。

（二）问答

1. 习近平总书记致大庆油田发现 60 周年贺信的内容是什么？

值此大庆油田发现 60 周年之际，我代表党中央，向大庆油田广大干部职工、离退休老同志及家属表示热烈的祝贺，并致以诚挚的慰问！

60 年前，党中央作出石油勘探战略东移的重大决策，广大石油、地质工作者历尽艰辛发现大庆油田，翻开了中国石油开发史上具有历史转折意义的一页。60 年来，几代大庆人艰苦创业、接力奋斗，在亘古荒原上建成我国最大的石油生产基地。大庆油田的卓越贡献已经镌刻在伟大祖国的历史丰碑上，大庆精神、铁人精神已经成为中华民族伟大精神的重要组成部分。

站在新的历史起点上，希望大庆油田全体干部职工不忘初心、牢记使命，大力弘扬大庆精神、铁人精神，不断改革创新，推动高质量发展，肩负起当好标杆旗帜、建设百年油田的重大责任，为实现"两个一百年"奋斗目标、实现中华民族伟大复兴的中国梦作出新的更大的贡献！

2. 当好标杆旗帜、建设百年油田的含义是什么？

当好标杆旗帜——树立了前行标尺，是我们一切工作的根本遵循。大庆油田要当好能源安全保障的标杆、国企深化改革的标杆、科技自立自强的标杆、赓续精神血脉的标杆。

建设百年油田——指明了前行方向，是我们未来发展的奋斗目标。百年油田，首先是时间的概念，追求能源主业的升级发展，建设一个基业长青的百年油田；百年油田，也是空间的拓展，追求发展舞台的开辟延伸，建设一个走向世界的百年油田；百年油田，更是精神的赓续，追求红色基因的传承弘扬，建设一个旗帜高扬的百年油田。

3. 大庆油田 60 多年的开发建设取得的辉煌历史有哪些？

大庆油田 60 多年的开发建设，为振兴发展奠定了坚实基础。建成了我国最大的石油生产基地；孕育形成了大庆精神铁人精神；创造了世界领先的陆相油田开发技术；打造了过硬的"铁人式"职工队伍；促进了区域经济社会的繁荣发展。

4. 开启建设百年油田新征程两个阶段的总体规划是什么？

第一阶段，从现在起到 2035 年，实现转型升级、高质量发展；第二阶段，从 2035 年到本世纪中叶，实现基业长青、百年发展。

5. 大庆油田"十四五"发展总体思路是什么？

坚持以习近平新时代中国特色社会主义思想为指导，深入贯彻落实党的二十大精神，牢记践行习近平总书记重要讲话重要指示批示精神特别是"9·26"贺信精神，完整、准确、全面贯彻新发展理念，服务和融入新发展格局，立足增强能源供应链稳定性和安全性，贯彻落实国家"十四五"现代能源体系规划，认真落实中国石油天然气集团有限公司党组和黑龙江省委省政府部署要求，全面加强党的领导党的建设，坚持稳中求进工作总基调，突出高质量发展主题，遵循"四个坚持"兴企方略和"四化"治企准则，推进实施以抓好"三件大事"为总纲、以谱写"四个新篇"为实践、以统筹"五大业务"为发展支撑的总体战略布局，全面提升企业的创新力、竞争力和可持续发展能力，当好标杆旗帜、建设百年油田，开创油田高质量发展新局面。

6. 大庆油田"十四五"发展基本原则是什么？

坚持"九个牢牢把握"，即牢牢把握"当好标杆旗帜"这个根本遵循；牢牢把握"市场化道路"这个基本方向；牢牢把握"低成本发展"这个核心能力；牢牢把握"绿色低碳转型"这个发展趋势；牢牢把握"科技自立自强"这个战略支撑；牢牢把握"人才强企工程"这个重大举措；牢牢把握"依法合规治企"这个内在要求；牢牢把握"加强作风建设"这个立身之本；牢牢把握"全面从严治党"这个政治引领。

7. 中国共产党第二十次全国代表大会会议主题是什么？

高举中国特色社会主义伟大旗帜，全面贯彻新时代中国特色社会主义思想，弘扬伟大建党精神，自信自强、守正创新，踔厉奋发、勇毅前行，为全面建设社会主义现代化国家、全面推进中华民族伟大复兴而团结奋斗。

8. 在中国共产党第二十次全国代表大会上的报告中，中国共产党的中心任务是什么？

从现在起，中国共产党的中心任务就是团结带领全国各族人民全面建成社会主义现代化强国、实现第二个百年奋斗目标，以中国式现代化全面推进中华民族伟大复兴。

9. 在中国共产党第二十次全国代表大会上的报告中，中国式现代化的含义是什么？

中国式现代化，是中国共产党领导的社会主义现代化，既有各国现代化的共同特征，更有基于自己国情的中国特色。中国式现代化是人口规模巨大的现代化；中国式现代化是全体人民共同富裕的现代化；中国式现代化是物质文明和精神文明相协调的现代化；中国式现代化是人与自然和谐共生的现代化；中国式现代化是走和平发展道路的现代化。

10. 在中国共产党第二十次全国代表大会上的报告中，两步走是什么？

全面建成社会主义现代化强国，总的战略安排是分两步走：从二〇二〇年到二〇三五年基本实现社会主义现代化；从二〇三五年到本世纪中叶把我国建成富强民主文明和谐美丽的社会主义现代化强国。

11. 在中国共产党第二十次全国代表大会上的报告中，"三个务必"是什么？

全党同志务必不忘初心、牢记使命，务必谦虚谨慎、艰苦奋斗，务必敢于斗争、善于斗争，坚定历史自信，增强历史主动，谱写新时代中国特色社会主义更加绚丽的华章。

12. 在中国共产党第二十次全国代表大会上的报告中，牢牢把握的"五个重大原则"是什么？

坚持和加强党的全面领导；坚持中国特色社会主义道路；坚持以人民为中心的发展思想；坚持深化改革开放；坚持发扬斗争精神。

13. 在中国共产党第二十次全国代表大会上的报告中，十年来，对党和人民事业具有重大现实意义和深远意义的三件大事是什么？

一是迎来中国共产党成立一百周年，二是中国特色社会主义进入新时代，三是完成脱贫攻坚、全面建成小康社会的历史任务，实现第一个百年奋斗目标。

14. 在中国共产党第二十次全国代表大会上的报告中，坚持"五个必由之路"的内容是什么？

全党必须牢记，坚持党的全面领导是坚持和发展中国特色社会主义的必由之路，中国特色社会主义是实现中华民族伟大复兴的必由之路，团结奋斗是中国人民创造历史伟业的必由之路，贯彻新发展理念是新时代我国发展壮大的必由之路，全面从严治党是党永葆生机活力、走好新的赶考之路的必由之路。

职业道德

（一）名词解释

1. **道德**：是调节个人与自我、他人、社会和自然界之间关系的行为规范的总和。

2. **职业道德**：是同人们的职业活动紧密联系的、符合职业特点所要求的道德准则、道德情操与道德品质的总和。

3. **爱岗敬业**：爱岗就是热爱自己的工作岗位，热爱自己从事的职业；敬业就是以恭敬、严肃、负责的态度对待工作，一丝不苟，兢兢业业，专心致志。

4. **诚实守信**：诚实就是真心诚意，实事求是，不虚假，不欺诈；守信就是遵守承诺，讲究信用，注重质量和信誉。

5. **劳动纪律**：是用人单位为形成和维持生产经营秩序，保证劳动合同得以履行，要求全体员工在集体劳动、工作、生活过程中，以及与劳动、工作紧密相关的其他过程中必须共同遵守的规则。

6. **团结互助**：指在人与人之间的关系中，为了实现共同的利益和目标，互相帮助，互相支持，团结协作，共同发展。

（二）问答

1. 社会主义精神文明建设的根本任务是什么？

适应社会主义现代化建设的需要，培育有理想、有道德、有文化、有纪律的社会主义公民，提高整个中华民族的思想道德素质和科学文化素质。

2. 我国社会主义道德建设的基本要求是什么？

爱祖国、爱人民、爱劳动、爱科学、爱社会主义。

3. 为什么要遵守职业道德？

职业道德是社会道德体系的重要组成部分，它一方面具有社会道德的一般作用，另一方面它又具有自身的特殊作用，具体表现在：（1）调节职业交往中从业人员内部以及从业人员与服务对象间的关系。（2）有助于维护和提高本行业的信誉。（3）促进本行业的发展。（4）有助于提高全社会的道德水平。

4. 爱岗敬业的基本要求是什么？

（1）要乐业。乐业就是从内心里热爱并热心于自己所从事的职业和岗位，把干好工作当作最快乐的事，做到其乐融融。（2）要勤业。勤业是指忠于职守，认真负责，刻苦勤奋，不懈努力。（3）要精业。精业是指对本职工作业务纯熟，精益求精，力求使自己的技能不断提高，使自己的工作成果尽善尽美，不断地有所进步、有所发明、有所创造。

5. 诚实守信的基本要求是什么？

（1）要诚信无欺。（2）要讲究质量。（3）要信守合同。

6. 职业纪律的重要性是什么？

职业纪律影响企业的形象，关系企业的成败。遵守职业纪律是企业选择员工的重要标准，关系到员工个人事业成功与发展。

7. 合作的重要性是什么？

合作是企业生产经营顺利实施的内在要求，是从业人员汲取智慧和力量的重要手段，是打造优秀团队的有效途径。

8. 奉献的重要性是什么？

奉献是企业发展的保障，是从业人员履行职业责任的必由之路，有助于创造良好的工作环境，是从业人员实现职业理想的途径。

9. 奉献的基本要求是什么？

（1）尽职尽责。要明确岗位职责，培养职责情感，全力以赴工作。（2）尊重集体。以企业利益为重，正确对待个人利益，树立职业理想。（3）为人民服务。树立为人民服务的意识，培育为人民服务的荣誉感，提高为人民服务的本领。

10. 企业员工应具备的职业素养是什么？

诚实守信、爱岗敬业、团结互助、文明礼貌、办事公道、勤劳节俭、开拓创新。

11. 培养"四有"职工队伍的主要内容是什么？

有理想、有道德、有文化、有纪律。

12. 如何做到团结互助？

（1）具备强烈的归属感。（2）参与和分享。（3）平等尊重。（4）信任。（5）协同合作。（6）顾全大局。

13. 职业道德行为养成的途径和方法是什么？

（1）在日常生活中培养。从小事做起，严格遵守行为规范；从自我做起，自觉养成良好习惯。（2）在专业学习中训练。增强职业意识，遵守职业规范；重视技能训练，提高职业素养。（3）在社会实践中体验。参加社会实践，培养职业道德；学做结合，知行统一。（4）在自我修养中提高。体验生活，经常进行"内省"；学习榜样，努力做到"慎独"。（5）在职业活动中强化。将职业道德知识内化为信念；将职业道德信念外化为行为。

14. 员工违规行为处理工作应当坚持的原则是什么？

（1）依法依规、违规必究；（2）业务主导、分级负责；（3）实事求是、客观公正；（4）惩教结合、强化预防。

15. 对员工的奖励包括哪几种？

奖励种类包括通报表彰、记功、记大功、授予荣誉称号、成果性奖励等。在给予上述奖励时，可以是一定的物质奖励。物质奖励可以给予一次性现金奖励（奖金）或实物奖励，也可根据需要安排一定时间的带薪休假。

16. 员工违规行为处理的方式包括哪几种？

员工违规行为处理方式分为：警示诫勉、组织处理、处分、经济处罚、禁入限制。

17.《中国石油天然气集团公司反违章禁令》有哪些规定？

为进一步规范员工安全行为，防止和杜绝"三违"现象，保障员工生命安全和企业生产经营的顺利进行，特制定本禁令。

一、严禁特种作业无有效操作证人员上岗操作；

二、严禁违反操作规程操作；

三、严禁无票证从事危险作业；

四、严禁脱岗、睡岗和酒后上岗；

五、严禁违反规定运输民爆物品、放射源和危险化学品；

六、严禁违章指挥、强令他人违章作业。

员工违反上述禁令，给予行政处分；造成事故的，解除劳动合同。

第二部分 基础知识

 专业知识

（一）名词解释

1. **倒闸操作**：是指将电气设备由一种状态变换到另一种状态，或将电力系统由一种运行方式转变为另一种运行方式所进行的操作。

2. **运行状态**：指某设备单元正常带负荷的工作状态，即该设备单元一次设备的开关在合位、刀闸也在合位（或小车开关在运行位置）的状态，电源端至受电端的电路接通，继电保护装置按调度和规程规定投入运行而起保护作用的状态。

3. **热备用状态**：指某设备单元开关在分位、刀闸仍在合位（或小车开关、小车插头仍在运行位置）的状态；继电保护装置按调度和规程规定投入运行的状态。

4. **冷备用状态**：指某设备单元开关在分位、刀闸也在分位（或小车开关拉至"试验"位置）的状态；继电保护装置按调度和规程规定投入运行的状态。

5. **检修状态**：指某设备单元开关在分位、刀闸也在分位（或小车开关拉至"检修"位置）、装设接地线或合上丁刀闸、已悬挂标示牌和装设临时遮拦的状态；继电保护装置可根据现场的具体工作任务性质，决定投入或者停用。

6. 倒闸操作四对照：指对照设备名称、编号、位置及开、合方向。

7. 操作中装置故障解锁：指在操作过程中，操作正确但防误闭锁装置或系统故障需要进行的解锁操作。

8. 操作中非装置故障解锁：指在非正常状态下或采用非正常操作顺序，且防误闭锁装置无故障需要进行的解锁操作。

9. 配合检修解锁：指在一、二次设备的检修、验收工作过程中，配合检修工作需要进行的解锁操作。

10. 运行中维护解锁：指因防误闭锁装置的检查和维护、开关柜带电核相等工作需要，但不进行实际设备操作的解锁操作。

11. 紧急解锁：指遇有危及人身、电网或设备安全等紧急情况需要进行的解锁操作。

12. 三权：指受令权、监护权、操作权。

13. 变压器瓦斯保护：利用变压器内部故障时产生的电弧将绝缘物及变压器油分解产生气体而动作的保护。

14. 变压器差动保护：按循环电流原理构成的、比较被保护变压器各侧电流数值大小及相位而动作的保护。

15. 过电流保护：发生故障时电流超过整定值而动作的保护。

16. 速断过电流保护：通过提高过流保护的整定值来限制保护的动作范围，从而使靠近电源侧的保护可以不加时限瞬时动作，这种保护称为速断过电流保护，简称速断保护。

17. 自动重合闸装置： 当开关跳开时，不用人工操作而使开关自动重新合闸的装置叫自动重合闸装置。

18. 线路纵差动保护： 按比较被保护线路首段和末端电流的大小和相位，来判断故障在本线路范围内还是之外，从而决定是否切断被保护线路的保护。

19. 备自投： 备用电源自动投入装置的简称，是当工作电源因故障被断开后，为保证电网正常供电，能够快速地将备用电源、设备或其他工作电源投入运行，使用户不至于停电的一种自动装置。

20. 电力网： 由输、配电线路及其所联系起来的各类变电站的总称，简称电网。

21. 电力系统： 由发电厂（不包括动力部分）、变电站、输配电线路、用户等在电气上相互连接的整体。

22. 一次设备： 是在变电所中直接生产、输送和分配电能的设备，如变压器、开关、刀闸、互感器、母线、电抗器、避雷器、电容器等。

23. 二次设备： 对一次设备进行监视、测量、操作、控制和起保护作用的辅助设备，如各种继电器、信号装置、测量仪表、控制开关、控制电缆、操作电源和小母线等。

24. 设备缺陷： 运行或处于备用状态的设备或装置，因自身或相关功能而影响设备或系统正常运行的异常现象。

25. 开关： 能关合、承载、开断运行回路正常电流，也能在规定时间内关合、承载、开断规定的过载电流（包括短路电流）的设备。

26. 刀闸： 开关设备，在分位置时，触头间有符合规定要求的绝缘距离和明显的断开标志；在合位置时，能承载正常回路条件下的电流及在规定时间内异常条件（例如短路）下的电流。

27. **变压器正常过负荷**：不影响变压器正常使用寿命的过负荷。

28. **变压器事故过负荷**：在电力系统发生事故时，为了保证对重要用户的连续供电，允许变压器在短时间内过负荷运行，称为变压器事故过负荷。

29. **变压器无载调压**：指变压器只能在停电的情况下改变分接头位置，调整电压。

30. **变压器有载调压**：指变压器可以在带负荷的情况下改变分接头位置，调整电压。

31. **互感器变比**：互感器一次侧与二次侧之间电压或电流的比值。

32. **运用中的电气设备**：全部带有电压、一部分带有电压或一经操作即带有电压的电气设备。

33. **低压**：用于配电的交流系统中 1000V 及其以下的电压等级。

34. **高压**：通常指超过低压的电压等级；特定情况下，指电力系统输电的电压等级。

35. **交流系统中一个电气连接部分**：指可用隔离开关同其他电气装置分开的部分。

36. **系统接地**：电路（设备）与大地或某些代替大地的导电体之间的导电性或金属性连接称系统接地。

37. **全所失电**：正常运行的变电所非所内开关跳闸而引起的母线电压消失、负荷全停。

38. **全所停电**：正常运行的变电所由于所内电源开关跳

闸而引起的母线电压消失、负荷全停。

39. **开关跳闸**：开关非运行人员操作使三相同时由合闸转为分闸位置。

40. **操作电源**：变电所开关控制、继电保护、自动装置和信号设备所使用的电源。

41. **预告信号**：反映设备发生故障或出现某种不正常情况的信号。

42. **事故信号**：反映开关事故分闸的信号。

43. **操作票**：操作前填写操作内容和顺序的规范化票式。

44. **工作票**：准许在电气设备上工作的书面安全要求之一。

45. **SOE**：即时间顺序记录，当电力设备发生遥信变位，如断路器变位时，电力保护设备或智能电力仪表会自动记录下变位时间、变位原因、开关跳闸时相应的遥测量值，形成 SOE 记录，以便于事后分析。

46. **RTU**：是 Remote Terminal Unit 的简称，即远方数据终端，用于监视、控制与数据采集，具有遥测、遥信、遥调、遥控功能，可常驻在一个电子设备中，也可分散在多个装置中。

47. **规约**：通信双方的一种约定，包括对数据格式、同步格式、传送速度、传送步骤、检验纠错方式一级控制字符等问题做出统一规定，也称通信控制规程。

（二）问答

1. 设备缺陷有哪几种类型？

设备缺陷有紧急缺陷、重大缺陷和一般缺陷三种类型。

2. 电气设备最高允许温度是多少(在环境温度 25℃、湿度小于或等于 80%、正常负荷、风力小于或等于 3 级的条件下)?

不同的电气设备最高允许温度不同,见下表。

测量的设备、部位		最高允许温度(℃)	测量的设备、部位		最高允许温度(℃)
刀闸电力熔断器	触头处	65	母线接头处	硬铜线	70
	接头处	75		硬铜绞线	90
	机械结构部分	90		硬铝线	90
				耐热铝合金线	150
开关	接线端子	75	低压开关	触头处	65
	机械部分	110		接头处	75
电流电压互感器	接线端子	75	阻波器	接头处	75
	本体	90		本体	90
油浸变压器	接线端子	75	避雷器	接线端子	75
	本体(油温)	90		本体	60
干式变压器	接线端子	75	电力电缆	接头处	75
	本体(绕组)	按绝缘耐温等级	消弧线圈	接线端子	75
电容器	接线端子	75		本体	90
	本体	70	套管	接线端子	75

3. 变压器的作用是什么?

变压器的作用是改变电压,传递电能。

4. 变压器由哪几部分构成？

变压器由器身、油箱、冷却装置、保护装置、出线装置等五部分组成。器身包括铁芯、绕组、绝缘结构、引线和分接开关等；油箱包括本体（箱盖、箱壁和箱底）和一些附件（放油阀门、油样油门、接地螺栓、铭牌等）；冷却装置包括散热器和冷却器；保护装置包括储油柜、油位计、安全气道（压力释放阀）、吸湿器、测温元件、净油器和气体继电器等；出线装置包括高压套管、低压套管等。

5. 变压器铁芯的作用是什么？

变压器铁芯的作用是：(1) 构成主磁通的导磁回路。(2) 构成器身的骨架。

6. 变压器绕组的作用是什么？

绕组是变压器的电路部分，用于铁芯励磁和传输电能。

7. 变压器油枕（储油柜）的作用是什么？

油枕主要起补油或储油的作用，保证油箱内充满变压器油，且可以使变压器与空气的接触面减小，减缓了油的劣化速度。

8. 油在变压器中的作用是什么？

油在变压器中的作用是绝缘、冷却。

9. 不同标号的变压器油混用有哪些危害？

不同标号的变压器油如果混用，会加快油质的老化，缩短变压器使用寿命。

10. 变压器绝缘套管的作用是什么？

变压器绝缘套管将变压器内部的高、低压引线引到油箱的外面，不但作为引线对地的绝缘，而且还担负着固定引线的作用。

11. 变压器调压装置的作用是什么？

通过调整一次绕组的匝数，改变二次输出电压，达到改变变比的目的。

12. 变压器净油器的作用是什么？

变压器净油器也称热虹吸。利用变压器上层油温高于中、下层油温的温差作用，使油经净油器循环而净化。

13. 变压器压力释放阀（防爆管）的作用是什么？

变压器压力释放阀（防爆管）直接接于变压器油箱顶盖上，是变压器的安全气道。当变压器发生故障时，油箱内压力若过高，可使压力释放阀动作（或突破玻璃膜片）进行释放，以防止油箱发生爆炸或变形。

14. 变压器呼吸器的作用是什么？

提供变压器在温度变化时内部气体出入的通道，解除正常运行中因温度变化而产生的对油箱的压力。

15. 气体继电器的作用是什么？

气体继电器是变压器的主要保护装置，接于油箱上盖与储油柜间的管道上。当变压器内部轻微故障时，产生少量气体缓慢地积于气体继电器顶部，启动变压器保护信号发送；当变压器内部发生严重故障时，急速的油流冲击挡板，启动变压器保护跳闸。

16. 油浸变压器温度在运行中有什么规定？

油浸变压器温度在运行中一般不得超过95℃，运行中的油温监视定为85℃。

17. 运行中油浸变压器上层油温为什么不宜经常超过85℃？

这是因为温度升高，油的氧化速度增大，油的老化加快。当平均温度每升高10℃时，油的劣化速度就会增加

1.5～2倍，所以变压器油温不宜经常超过85℃。

18. 主变特殊巡视的项目有哪些？

主变特殊巡视的项目有：（1）过负荷：监视负荷、油温和油位的变化，接头接触是否良好，试温贴片有无变色现象，冷却系统是否正常。（2）检查大风天气：引线摆动情况及有无搭挂杂物。（3）雷雨天气：检查瓷套管有无放电闪络现象。（4）下雾天气：检查瓷套管有无放电打火现象，重点监视污秽瓷质部分。（5）下雪天气：根据积雪融化情况检查接头有无发热部位，及时处理冰棒。（6）大型短路故障后：检查有关设备、接头有无异状。

19. 运行中的变压器在什么情况下停用差动保护？

运行中的变压器在以下情况下停用差动保护：（1）差动保护二次回路及电流互感器回路有变动或进行校验时；（2）继电保护人员测定差动回路电流相量及差压时；（3）差动保护互感器一相断线或回路开路时；（4）差动回路出现明显的异常现象时；（5）误动跳闸时。

20. 如何根据瓦斯继电器取出的气体判断变压器的故障性质？

可根据如下情况判断变压器的故障性质：（1）黑色或灰色易燃：油质故障。（2）黄色不可燃：木质部分有故障。（3）灰白色可燃：纸质或纸板故障。（4）无色不可燃：空气侵入内部。

21. 互感器由哪几部分组成？

互感器由一次绕组、二次绕组、铁芯和绝缘支持物组成。

22. 互感器有哪些用途？

互感器有以下用途：（1）与仪表和继电器配合，测量高压电路的电流、电压、电能等参数,并反映过电流、过电压等故障。(2)隔离高压电路,保障工作人员和设备的安全。

23. 电压互感器正常停运的操作程序是什么?

任何一段电压互感器停运时,必须先将二次并列,检查切换完好后,才能断开二次熔断器或二次空气开关,最后断开该段电压互感器刀闸。

24. 电压互感器二次侧为什么必须接地?

电压互感器二次侧接地属于保护接地,可以防止一、二次绝缘击穿时高压串到二次侧来,对人身和设备造成危险。

25. 两组电压互感器并列运行的条件是什么?

两组电压互感器必须电压等级相同且该电压等级的母联开关及刀闸在合位。

26. 电压互感器在什么情况下立即停运?

发生以下情况,电压互感器立即停运:(1)高压侧熔丝连续熔断二三次。(2)电压互感器发热严重。(3)电压互感器内部有噼啪声或其他噪声。(4)电压互感器或引线出口向外漏油。(5)从电压互感器发出臭味、异味或冒烟。(6)线圈与外壳之间或引线与外壳之间有火花放电。

27. 电压互感器在哪些情况下不能直接用刀闸操作?

电压互感器在以下情况下不能直接用刀闸操作:(1)系统发生异常时;(2)雷雨天气有可能泄放雷电流时;(3)电压互感器或避雷器本体故障造成接地时。

28. 运行中的电压互感器二次侧为什么不允许短路?

电压互感器二次侧约有100V电压,应接于能承受100V电压的回路里,其所通过的电流,由二次回路阻抗的大小来决定。如果二次侧短路,则阻抗很小(只有二次绕组的电阻），二次侧通过的电流增大，将造成二次侧熔断器熔断，影响表计指示及引起保护误动作。

29. 运行中的电流互感器二次侧为什么不允许开路？

当电流互感器二次侧开路时，二次电流为零，一次电流全部用来励磁，铁芯中磁感应强度增加，引起铁芯过热，同时很大的交流磁通在二次绕组中感应产生一个很高的电动势，对设备和工作人员均有很大的危险，所以电流互感器二次回路不允许开路。

30. 电流互感器为什么不允许长时间过负荷运行？

电流互感器长时间过负荷运行，会使误差增大，表计指示不正确。另外，由于一次、二次电流增大，会使铁芯和绕组过热，绝缘老化加快，甚至损坏电流互感器。

31. 未查明电容器故障跳闸原因前为什么严禁强送电？

（1）为防止充电状态的电容器产生较大涌流和过电压，将事故扩大。（2）电容器故障跳闸多为永久性故障，必须检查设备确无异常后方可合闸送电。

32. 操作电容器的注意事项有哪些？

操作电容器的注意事项有：（1）当母线停电时，应先拉开电容器，送电时相反。（2）电容器的开关跳闸或熔断器熔断后不可强送电。（3）电容器禁止带电荷合闸，电容器切除后，应经过 5min 以上的自放电方可合闸。（4）严禁同时投停两组电容器。

33. 并联电容器在电力系统中有哪些作用？

并联电容器在电力系统中的作用有：（1）补偿无功功率，提高功率因数。（2）提高设备能力。（3）降低功率损耗和电能损失。（4）改善电压质量。

34. 电容器的异常现象有哪些？

电容器的异常现象有：(1) 电容器发生爆炸。(2) 接头严重过热。(3) 电容器套管发生破裂并有闪络放电。(4) 电容器严重喷油或起火。(5) 电容器严重渗油。(6) 电容器外壳膨胀。(7) 电容器电流超过1.3倍额定电流，电压超过1.1倍额定电压，三相电流偏差超过±5%以上。(8) 电容器内部有异响。

35. 电容器在什么情况下立即退出运行？

电容器在以下情况下立即退出运行：(1) 套管闪络或严重放电。(2) 接头过热或熔化。(3) 外壳膨胀变形。(4) 内部有放电声或放电设备有异响。(5) 室温超过+40℃时应停止运行，采取通风等降温措施。

36. 电抗器的作用是什么？

电抗器接于交流系统中，用以限制系统发生故障时的短路电流，维持母线电压水平；当长线路充电时，可防止线路电容大而引起电压升高。

37. 消弧线圈的作用是什么？

当电网发生单相接地故障后，提供一个电感电流，补偿接地电容电流，使接地电流减小，也使得故障相接地电弧两端的恢复电压速度降低，达到熄灭电弧的目的。

38. 电力系统中性点接地方式有几种？

电力系统中性接地方式有三种：不接地、经消弧线圈接地和直接接地。

39. 消弧线圈的补偿方式有几种？

消弧线圈的补偿方式有三种：全补偿、欠补偿、过补偿。

40. 消弧线圈在两台主变中性点之间切换时应注意什么？

将运行中的消弧线圈装置从一台变压器的中性点切换到另一台变压器的中性点时，必须先将消弧线圈断开后再进行切换。不得将一台消弧线圈同时接到两台变压器的中性点上。

41. 主变压器和消弧线圈一起停电时有什么要求？

应先拉开消弧线圈的刀闸，再停主变压器；送电时相反。

42. 母线的作用是什么？

母线的作用是汇集、分配和传送电能。

43. 母线涂漆着色的作用是什么？

母线涂漆着色的作用有：(1) 母线涂漆着色可以增加热辐射能力，有利于母线散热。(2) 涂色后的母线允许负荷电流可提高 12%～15%。(3) 区别相序。(4) 钢母线着色还可以防止生锈。

44. 母线电压消失时为什么电容器应退出运行？

防止主变空充电容器产生高电压或电容器与变压器的电抗回路产生谐振过电压，对母线设备及电容器造成损坏。

45. 母线在特殊情况下需要巡视的内容有哪些？

巡视的内容有：(1) 在大风时，巡视母线的摆动情况是否符合安全距离的要求，有无异常的飘落物。(2) 雷雨后，巡视瓷绝缘子有无放电闪络的痕迹。(3) 雪天时，巡视接头处积雪是否迅速融化和发热冒烟。(4) 天气变化时，巡视母线有无弛张过大或收缩过紧的现象。(5) 雾天巡视绝缘子有无污闪。

46. 绝缘子的作用是什么？

绝缘子用来支持和固定带电导体，并使其与地绝缘，或作为带电导体之间的绝缘。

47. 避雷针的接地电阻一般不允许超过多少？

避雷针的接地电阻不超过 10Ω。

48. 高压开关的作用是什么？

不仅可以切断与闭合高压电路的空载电流和负载电流，而且当系统发生故障时，它和保护装置、自动装置相配合，能够迅速切断故障电流，以减少停电范围，防止事故扩大，保证系统的安全运行。

49. 小车开关位置有哪几种状态？

小车开关位置有运行位置、试验位置、检修位置三种状态。

50. 开关遇有哪些情况应立即停电处理？

开关遇以下情况应立即停电处理：（1）套管有严重破损和放电现象。（2）开关内部有异响。（3）油开关严重漏油，看不见油位。（4）SF_6 气室严重漏气，发出操作闭锁信号。（5）真空开关出现真空损坏的"嘶嘶"声。

51. SF_6 开关发生气压闭锁如何处理？

SF_6 开关气体压力闭锁时，严禁对开关进行停送电操作，应立即断开故障开关的控制电源，及时检查气体的压力表。若由于温度变化引起，应采取措施补气；若由于漏气引起，应将负荷转移后，将故障开关退出运行。

52. 当 SF_6 设备发生大量泄漏时，应怎么办？

当 SF_6 设备发生大量泄漏时，人员应迅速撤出现场，开启所有排风机进行排风。未佩戴防毒面具或正压式空气呼吸器的人员不应入内。

53. 户外开关机构箱加热装置的作用是什么？

户外开关机构箱内安装加热装置，可以降低冬季开关机构由于润滑油受冷凝固引起机构卡涩造成开关拒动的概率。

54. 户外开关机构箱内加热装置在什么时间投入或退出？

按规定，-2℃时投入加热装置，5℃时退出加热装置。

55. 二次系统的任务是什么？

通过对一次回路的监察、测量来反映一次系统的工作状态，并控制一次系统，且在一次系统发生故障时，能使故障部分退出工作。

56. 自动重合闸的作用是什么？

由于输电线路的故障大多是瞬时性的，因此在故障线路被断开以后，故障自行消失，若采用重合闸装置，此时能持续供电，大大提高了供电的可靠性，所以为了自动、迅速地将线路重新合闸，在电力系统中广泛采用自动重合闸装置。

57. 闪光电源的作用是什么？

闪光电源是指直流电源通过脉冲继电器产生方波信号（间断的直流信号），可使控制回路的红绿灯闪光。

58. 直流母线电压过高或过低的危害有哪些？

直流母线电压过高时，对长期带电运行的电气元件（如仪表、继电器、指示灯等）容易引起过热而损坏；而电压过低时，容易使保护装置误动或拒动。直流母线电压一般允许变化范围为 ±10%。

59. 直流系统两点接地的危害有哪些？

直流系统两点接地的危害包括：(1) 可能造成开关误跳闸。(2) 可能造成开关拒动。(3) 可能引起熔断丝熔断。

60. 电流互感器二次回路开路时的现象有哪些？

电流互感器二次回路开路时的现象有：(1) 互感器声音较大，并有振动感，内部有"吱吱"放电声。(2) 二次回路接线端子排可能有烧伤或烧焦现象。(3) 电流表指示为零，电度表不转动（电能表停止脉冲）且可能伴有"嗡嗡"声。

61. 清扫二次线时的注意事项有哪些？

清扫二次线时，使用的清扫工具应干燥，金属部分应包好绝缘；工作时应将手表摘下（特别是金属表带的手表）；清扫工作人员应穿长袖工作服，戴线手套；工作时必须小心谨慎，不应用力抽打，以免引起设备元件损坏或弄断线头。

62. 如何阅读原理图？

从一次接线开始，查看电流电压的来源；从电流互感器和电压互感器二次侧分析一次系统故障时，二次系统各设备的相互动作关系；查看照明、信号、保护等电路及元件。

63. 如何管理综合自动化变电所控制盘上的"远方/就地"切换开关？

综合自动化变电所控制盘上的"远方/就地"切换开关，正常运行时应置于"远方"位置。开、合开关的操作，应在后台机上进行，不允许在控制盘前进行开、合开关操作。在年度检修时，如有必要可由检修人员提出申请，在当值值班人员的监护下，方可在控制盘前用解锁钥匙进行开、合开关的操作。后台机故障不能进行遥控操作时，应汇报调度和所领导，经同意后方可在控制盘前，用解锁钥匙进行开、合开关操作。

64. 事故信号的主要作用是什么？

在开关事故跳闸时，能及时发出音响信号，并使相应开关位置的灯光信号闪光。

65. 预告信号的主要作用是什么？

在运行设备发生异常现象时，瞬时或延时发出音响信号，并使光字牌显示异常状况的内容或前、后台机发出报警信号。

66. 常规变电所光字牌的作用是什么？

能正确地反映事故和预告信号。当有了故障或异常发生时，除了喇叭响或铃响外，还会通过光字牌提醒值班人员有事故发生。通过光字牌可显示出故障范围和性质及异常的情况。

67. 音响信号与灯光信号的作用是什么？

音响信号是为了唤起值班员的注意，灯光信号是为了便于了解故障的设备和故障的性质。

68. 开关操作回路中红灯和绿灯各有什么用途？

红绿灯都是指示信号，绿灯亮指示开关在分闸位置，红灯亮指示开关在合闸位置。红绿灯还是监视信号，绿灯亮监视合闸回路完好，红灯亮监视跳闸回路完好。手动跳合闸时，若红绿灯闪光，提醒运行人员再次核对所要操作的开关开、合闸回路确切完好无误；自动跳合闸时，若红绿灯闪光，表明高压开关和操作手柄位置不对应，以引起运行人员的注意。

69. UPS 的作用是什么？

在正常、异常和供电中断事故情况下，均能向重要用电设备及系统提供安全、可靠、稳定、不间断、不受倒闸操作影响的交流电源。

70. 故障录波装置的作用是什么？

故障录波装置是常年投入运行，监视电力系统运行状况的一种自动记录装置。系统正常时，录波装置不工作；当系统发生事故时，录波装置迅速启动，进行录波，直接记录下反映到故障录波装置上系统故障电气量（如电流、电压、功率等）。

71. 如何计算倍率？如何计算电量（以 24h 电量计算为例）？

（1）倍率的计算：倍率＝需计算回路的电流互感器变比 × 需计算回路所接母线电压互感器变比。（2）有功电量的计算：有功电量（kW·h）＝（当日有功电能表读数－昨日同时刻有功电能表读数）× 倍率。（3）无功电量的计算：无功电量（kvar·h）＝（当日无功电能表读数－昨日同时刻无功电能表读数）× 倍率。

72. 绝缘监察装置的作用是什么？

当发生一点接地时，它能发出信号，以便及时处理，避免事故扩大造成损失。

73. 检修开关时为什么必须把二次回路电源断开？

检修开关时，二次回路如果有电，会危及人身和设备安全，可能造成人身触电、烧伤、挤伤和打伤；对设备可能造成二次回路接地、短路，甚至造成继电保护装置误动或拒动。

74. 巡视设备时应从哪几个方面考虑安全措施？

巡视设备应从以下 5 个方面考虑安全措施：(1) 特殊天气的注意事项，如雷雨、雪、雹等。(2) 设备发生异常或故障后的注意事项，如设备接地等。(3) 进出高压室的注意事项，如 SF_6 设备等。(4) 夜间巡视的照明要求。(5) 对于危险点，有效执行风险削减措施。

75. 进行高压设备巡视时，有哪些注意事项？

进行高压设备巡视时，要注意：(1) 巡视高压设备时，不宜进行其他工作。(2) 雷雨天气巡视室外高压设备时，应穿绝缘靴，不应使用伞具，不应靠近避雷器和避雷针。

76. 标准化巡视方法有哪几种？

标准化巡视方法有：(1) 看：开关场有无易被风刮起的

杂物；设备外观有无异常；表计指示是否正确。（2）听：设备运行声音是否正常；运行设备有无放电声。（3）嗅：开关场、主控室有无异味；运行设备周围有无异味。

77. 在哪些情况下需要进行设备特殊巡视？

出现如下情况需要进行设备特殊巡视：（1）设备过负荷或负荷显著增加。（2）新设备、长期停运或检修后投运的设备。（3）运行中存在异常现象。（4）重要节日及重大活动。（5）遇有雨、雪、风、雾、雹等异常天气时。（6）根据上级指示，需加强值班时。（7）其他需特殊巡视时。

78. 高压设备发生接地后巡视设备时有哪些注意事项？

高压设备发生接地故障时，室内人员进入接地点 4m 以内，室外人员进入接地点 8m 以内，均应穿绝缘靴，接触设备外壳和构架时，还应戴绝缘手套。

79. 电气设备有几种状态？

电气设备有以下 4 种状态：运行状态、热备用状态、冷备用状态和检修状态。

80. 防误闭锁装置"五防"功能的内容有哪些？

"五防"功能的内容有：（1）防止带负荷开、合刀闸。（2）防止带电挂接地线。（3）防止误开、合开关。（4）防止带地线合闸送电。（5）防止误入带电间隔。

81. 误操作的危害有哪些？

误操作不仅可能对操作人员的身体造成伤害，甚至会危及操作人员的生命安全，严重时会造成变电所全所停电，甚至扩大到整个电力系统，使系统瓦解。

82. 引起误操作的原因有哪些？

引起误操作的原因有：（1）操作人员不具备倒闸操作的基本素质。（2）无操作票或填写的操作票有错误。（3）电气设备没有防误闭锁装置，或虽有防误闭锁装置，但在操作时擅自解锁。（4）不认真按操作票顺序操作，操作中发现问题，随意更改操作顺序或跳项、倒项、漏项操作。（5）倒闸操作行为不规范，没有认真核对设备名称和状态或设备标志不明显、不清楚。（6）没有按照操作技术原则操作或填写操作票。

83. 防止误操作的措施有哪些？

防止误操作的措施有：（1）落实防误操作工作责任制，加强运行、检修人员的专业培训，严格执行操作票、工作票制度，并使两票制度标准化、管理规范化。（2）加装防误闭锁装置并加强其运行、维护管理。（3）采用计算机监控系统时，远方或就地操作均应具有防止误操作闭锁功能。（4）成套高压开关柜五防功能应齐全、性能良好。（5）加强对运行、检修人员防误操作培训，使其掌握防误闭锁装置的原理、性能、结构和操作程序，并能熟练操作和维护。（6）加强操作人员培训，强化操作时的行为规范化，使操作时做到三对照、三禁止、五不操作。三对照：即填写操作票时对照工作任务、对照模拟图、对照典型操作票；三禁止：即禁止无票操作、禁止单人操作、禁止无指令操作；五不操作：即未进行模拟预演不操作，操作任务和操作目的不清楚不操作，操作中产生疑问和异常不操作，未经唱票、复诵、三秒思考不操作，操作项目检查不仔细不操作。

84. 倒闸操作票应填写的动项有哪些？

倒闸操作票应填写的动项有：（1）应拉开、合上的开关和刀闸。（2）应装设、拆除的接地线或拉开、合上的接地刀闸。（3）应拉开、合上的操作直流熔断器（操作直流开关）、动力熔断器（交、直流动力插件）和交流、直流二次熔断器

（二次空气开关）。（4）应投入、停用的保护压板。（5）应验电确无电压。（6）应拉开、合上的电压互感器、所用变的一次熔断器。（7）应装、拆的绝缘挡板。

85. 倒闸操作中唱票复诵时的注意事项有哪些？

倒闸操作中唱票复诵时应注意：（1）严禁凭记忆唱票。（2）严禁根据设备编号唱票。（3）严禁监护人未下"执行"命令，操作人抢先操作。（4）严禁监护人代替操作人复诵。（5）严禁唱票时精力不集中。（6）唱票复诵时必须声音洪亮、吐字清晰。

86. 停、送电操作顺序是什么？

停电操作应按照"开关—负荷侧刀闸—电源侧刀闸"的顺序依次进行，送电合闸操作按相反的顺序进行。不应带负荷开、合刀闸。

87. 倒闸操作中产生疑问时怎么办？

操作中，任何一个人对操作的正确性产生疑问时，应立即停止操作，向调度汇报，直至确认无误后，方可继续操作。不准擅自更改操作票，不准随意解除闭锁装置。

88. 受令人在受理调度下达的操作预令时，应在操作综合令票内填写哪些内容？

受令人要将调度下达的操作任务和注意事项原原本本地记入操作综合令票中，包括发令时间、发令人姓名、操作任务、操作命令项目及受令人姓名。

89. 运行人员对于调度下达的操作命令应该怎么执行？

变电站运行人员对于值班调度下达的操作命令应坚决执行，不得无故拖延、拒绝。如果受令人认为命令不正确，应将情况反映给值班调度员，如值班调度员坚持原来的命令，受令人应立即执行。如果执行该命令将威胁人员、设备或系统的安全，应拒绝执行，并将拒绝执行的理由报告值班调度员。当发生上述拒绝执行命令的情况时，双方应立即报告本方领导。无故拖延或拒不执行调度命令，其后果由受令人和允许不执行该命令的领导人负责。

90. 审核倒闸操作票有哪几级？

小型操作应进行二级审核：操作人写完票后进行自审；认为无误后交监护人审核，若发现问题应由操作人重新填写；大型操作还应由所领导进行第三级审核。

91. 操作票审核的依据有哪些？

操作票审核的依据为：（1）操作计划。（2）工作现场条件。（3）当时系统接线。（4）当时运行方式。（5）保护定值通知单。（6）工作票内所列工作计划。（7）压板模拟图及保护使用规定。（8）有关规程要求。

92. 倒闸操作票允许执行的标志是什么？

倒闸操作票允许执行的标志是调度发布该操作任务的令号。

93. 什么时间是操作开始时间？

倒闸操作第一项操作开始唱票的时间即为操作开始时间。一般从发令到开始执行的间隔时间至少为 5min。

94. 执行操作时要求"操作人在前，监护人在后"的目的是什么？

便于监护人监护操作人的动作，掌控操作人的行动路线，及时纠正操作人违反安全的动作。

95. 操作时为什么要高声唱票、高声复诵？

（1）高声唱票的目的是让接收信息的一方能清晰准确地接收到命令，防止声音过小含混不清让受令方接收到错误的信息，误解或曲解原始命令，最终执行错误的命令造成事故。(2) 高声复诵的目的是让信息传达的一方确定接收信息的人已经清楚了自己下达的正确命令。此时监护人目视设备标志牌验证操作人所说的设备名称和编号是否一一对应。

96. 倒闸操作结束后，应对本次操作进行哪些方面的总结？

倒闸操作结束后，应对本次操作进行如下总结：(1) 本次操作中存在的问题。(2) 在操作中发现设备存在的问题。(3) 操作中值得借鉴的经验。

97. 停电操作为什么先拉开关，后拉刀闸？

高压开关具有性能良好的灭弧室，能有效消除接通和断开负荷电流或短路电流时产生的电弧，而刀闸等电气设备不具有灭弧能力，因此必须先使用开关断开负荷电流。

98. 拉开开关后为什么要检查开关确在开位？

开关的分闸状态，不能仅以红灯灭、绿灯亮为准，还应通过操作机构的开、合闸指示、电流表、功率表的指示为零来判断，因此断开开关后还要多方面检查开关确已断开，以防止发生误操作事故。

99. 操作刀闸前为什么要检查开关确在开位？

因为刀闸没有灭弧装置，不具备开、合较大电流的能力，开、合负荷电流时产生的强烈电弧可能会造成相间短路，引起事故。所以要检查开关确已断开电路后才能操作刀闸。

100. 停电操作时，为什么先拉负荷侧刀闸，后拉母线侧刀闸？

即使发生意外或开关实际上未断开，造成带负荷开、合刀闸所引起的故障点始终保持在开关的负荷侧，这样可由开关保护动作切除故障，把事故影响缩小在最小范围。反之，故障点如出现在母线侧刀闸，将导致整条母线全部停电。另外，负荷侧刀闸损坏后的检修，比母线侧刀闸损坏后的检修影响小。

101. 用操作把手操作开关有哪些要领？

用操作把手操作开关的要领是：(1) 合闸操作时，用右手拇指推动KK把手顺时针旋转90°至"预备合闸"位置（竖直），待绿灯闪光2～3次后，将KK把手继续顺时针旋转45°至"合闸位置"（倾斜），停顿，待红灯亮后松手，KK把手自动复位至"合闸后"位置（竖直）。(2) 分闸操作时，用右手拇指推动KK把手逆时针旋转90°至"预备分闸"位置（水平），待红灯闪光2～3次后，将KK把手继续逆时针旋转45°至"分闸位置"（倾斜），停顿，待绿灯亮后松手，KK把手自动复位至"分闸后"位置（水平）。

102. 操作刀闸有哪些要领？

操作刀闸的要领：(1) 合刀闸时必须迅速果断。在刀闸快合到底时，不能用力过猛，以防合过头或损坏支持绝缘子。(2) 拉刀闸时应先慢后快，分闸终了应防止用力过猛损坏瓷瓶。

103. 操作熔断器时有哪些注意事项？

操作熔断器应注意：(1) 操作熔断器前应穿绝缘鞋，戴好绝缘手套。(2) 拉开直流熔断器应按照"先正后负"的原则，合上时顺序相反，以防止因寄生回路造成装置误动作。(3) 开、合操作直流熔断器后，注意观察开关KK把手灯光指示情况。(4) 操作高压熔断器一般应在设备停电接地后再进行，防止二次反充电。(5) 拉开室外高压熔断器应先取下中相，监护人观察弧光情况，无异常后，继续操作两边相的高压熔断器。有风时，应先中间相，再下风，后上风。合闸顺序与拉闸相反。(6) 拉开室内高压熔断器时，应由近到远依次进行，合闸顺序与此相反。(7) 带电取低压回路熔断器，应防止拉弧伤人。必要时应先停掉该回路负荷。

104. 正常操作所用变的注意事项有哪些？

正常操作所用变应注意：(1) 两台所用变满足变压器并列运行条件时，高压侧电源先并列后方允许二次并列进行转带二次负荷的操作。(2) 两台所用变不满足变压器并列运行条件时，应先停后送，禁止二次并列。

105. 检修所用变时在低压侧装设接地线的目的是什么？

GB 26860—2011《电力安全工作规程 发电厂和变电站电气部分》规定，对于可能送电至停电设备的各侧都应接地。在所用变低压侧装设接地线可以防止突然来电，免遭感应电压伤害、保护人身安全。装设接地线后，检修设备上的剩余电荷或感应电荷经接地线导入大地，使检修设备固定为零电位，保证人身不受触电伤害，保证检修人员安全。

106. 当某一台电压互感器停运时，为什么要先合上电压互感器二次切换开关？

如电压互感器二次不并列，任何一段电压互感器停运后，保护装置将失去二次交流电压量，保护、测量、计量装置不能正常运行。

107. 检修后的设备送电前需要进行哪些检查？

检修后的设备送电前需要：(1) 检查开关、刀闸位置是否正确；(2) 检查设备上有无遗留物及杂物；(3) 检查待送电设备上有无人工作；（4）检查相应的盘面仪表、灯光及信号指示是否正确；（5）检查模拟图设备状态与实际是否相符。

108. 并列运行的变压器，当停运其中一台时，为什么要检查主变表计指示是否正确？

这是因为：（1）解列前检查负荷，是为了明确单主变运行后是否会过负荷。（2）解列后检查负荷为了确保一台主变停电后，另一台主变确实带上停电前两台主变的负荷，避免出现甩负荷。

109. 开、合 110kV 主变的高压侧开关时，为什么要将主变的中性点直接接地？

110kV 及以上电网一般采用中性点直接接地系统。在运行中，为了满足继电保护灵敏度配合的要求，有些变压器的中性点不接地运行。但因为开关的非同期操作引起的过电压危及变压器的绝缘，所以要求在开、合 110kV 及以上变压器时，应将变压器的中性点直接接地。

110. 电压互感器二次并列前为什么要检查相应的母联开关在合闸位置？

如果电压互感器一次未并列运行，而将二次并列，会因一次电压不平衡而在电压互感器二次产生环流，可能造成电压互感器二次真空开关跳闸或二次熔断器熔断，引起保护、计量、测量回路失压。

111. 两台电压互感器二次并列合上二次切换开关后，为什么要检查二次确已切换？

为了防止因母联开关在分闸位置或母联开关辅助接点未切换及接触不良，以及母联刀闸辅助接点接触不良，造成电压互感器二次未并列成功，引起保护失压而造成事故，所以要检查二次确已切换。

112. 检修电压互感器时为什么要断开二次空气开关或熔断器？

检修一段电压互感器时，二次并列后，二次负荷由其他电压互感器二次供电，如被检修电压互感器的二次侧没有断开，会从运行的电压互感器向检修电压互感器反充电，在被检修电压互感器上产生高电压，对人身和设备造成危险，同时可能引起运行电压互感器的二次开关跳闸或熔断器熔断，引起保护失压而造成事故。

113. 用母联开关向检修母线送电时为什么要投入母联充电保护压板？母线充电完毕为什么要及时退出母联充电保护？

（1）在母线充电过程中如果母线上有故障，母联保护会立即启动跳开母联开关，切除故障点。（2）由于充电保护定值一般较小，如果充电完毕后不退出或退出不及时，母联在运行中流过较大的电流时，充电保护就会误动作跳开母联开关，造成两段母线分列运行事故。

114. 倒闸操作票由谁填写，正确性由谁负责？

倒闸操作票由操作人填写，其正确性由监护人负责。如操作票隔班执行，操作人、监护人应重新审核操作票并在备注栏内签字后执行。

115. 为什么操作前要进行"四对照"？

为了防止走错间隔，站错位置或拉错开关、刀闸等。

116. 倒闸操作过程若因故中断，在恢复操作时应怎样做？

倒闸操作过程若因故中断，在恢复操作时值班人员必须重新进行"四对照"，确认被操作设备以及操作步骤正确无误。

117. 录音有哪些作用？

录音的目的是为了保证信息传达的准确性，通过听录音认真理解调度的操作意图，正确编制操作方案，防止发生误操作危及人身及设备安全。录音还能作为法律凭证。

118. 模拟图的作用是什么？

模拟图的作用是：（1）了解系统接线方式及设备的运行状态。（2）操作前在模拟图上进行核对性模拟预演。（3）审查工作票内的安全措施能否满足检修现场的要求。

119. GIS 中断路器与其他电气元件为什么必须分为不同的气室？

这是因为：（1）由于断路器气室内 SF_6 气体压力的选定要满足灭弧和绝缘两方面的要求，而其他电气元件内 SF_6 气体压力只需考虑绝缘性能方面的要求，两种气室的 SF_6 气压不同，所以不能连为一体。（2）断路器气室内的 SF_6 气体在电弧高温作用下可能分解成多种有腐蚀性和毒性的物质，在结构上不连通就不会影响其他气室的电气元件。（3）断路器的检修概率比较高，气室分开后要检修断路器时就不会影响到其他电气元件的气室，因而可缩小检修范围。

120. GIS 的 SF_6 系统分为几个部分？

GIS 的 SF_6 系统分为两个部分：（1）SF_6 气隔单元；（2）SF_6 气体监控装置。

121. 什么是 GIS 的 SF_6 气隔单元？

GIS 的每个间隔，用不通气的盆式绝缘子（气隔绝缘子）划分为若干个独立的 SF_6 气室，即气隔单元，气隔单元构成了需要进行 SF_6 监控的气路系统。

122. 什么是 GIS 的 SF_6 气体监控装置？

GIS 的 SF_6 气体监控装置是对各 SF_6 气隔单元实现抽真

空，充入或回收 SF_6 气体，进行 SF_6 气体的水分测量，对 SF_6 气体状态进行监控的装置。

123. GIS 的 SF_6 系统的控制方式分几种？

GIS 的 SF_6 系统控制方式分为集中控制和分散控制两种形式。

124. 什么是智能变电站？

智能变电站是采用先进的智能设备，以全站信息数字化、通信平台网络化、信息共享标准化为基本要求，自动完成信息采集、测量、控制、保护、计量和监测等基本功能，并可根据需要支持电网实时自动控制、智能调节、在线分析决策、协同互动等高级功能的变电站。

125. 什么是合并单元？

用以对来自二次转换器的电流或电压数据进行时间相关组合的物理单元。合并单元可以是互感器的一个组件，也可以是一个分立单元。

126. 什么是智能终端？

智能终端是一种智能组件。与一次设备采用电缆连接，与保护、测控等二次设备采用光纤连接，实现对一次设备的测量、控制等功能。

127. 站用交直流一体化电源系统由哪几部分组成？

站用交直流一体化电源系统由站用交流电源、直流电源、交流不间断电源（UPS）、逆变电源（INV）、直流变换电源（DC/DC）等装置组成，并统一监视控制，共享直流电源的蓄电池组。

128. 在变电所工作时为何要穿棉工作服？

这是因为：（1）棉织物服装相对于化纤织物而言不会产生静电。（2）遇有燃烧或爆炸事故，棉织物服装不会黏附在皮肤上造成严重伤害。

129. 操作一次设备为什么必须穿戴绝缘护具？

可以在发生误操作或意外时，保证人身安全。

130. 绝缘手套使用前应进行哪些检查？

绝缘手套使用前应检查：（1）在有效期内。（2）外观应清洁、完好。若有外伤、裂纹、毛刺、划痕、发黏、发脆等现象时严禁使用，应立即更换。（3）做充气试验，无漏气（用两手将手套从手腕处往手指处压卷，当卷到一定程度时，手套手指处膨胀，细心观察绝缘手套应无击穿、穿透等漏气现象）。

131. 如何正确戴绝缘手套？

（1）戴绝缘手套时，应将上衣袖口全部装入手套口内。（2）不能使用绝缘手套抓、拿表面尖利、带毛刺的物品，以免损伤绝缘手套。

132. 绝缘靴使用前应进行哪些检查？

绝缘靴使用前应检查：（1）在有效期内。（2）外观清洁完好，无裂纹，无漏洞，无气泡，无毛刺，无划痕。（3）鞋底无断底，无裂纹。

133. 如何正确穿绝缘靴？

穿绝缘靴时，应将裤管装入靴筒内，并要避免接触尖锐的物体以及腐蚀性物质。

134. 解锁钥匙使用后应如何进行管理？

解锁钥匙使用后，应立即封存，并做好相应记录。记录内容：解锁原因、解锁时间、批准人、恢复时间等。

135. 防误装置解锁类型有哪几种？

防误装置解锁有五种：（1）操作中装置故障解锁；（2）操作中非装置故障解锁；（3）配合检修解锁；（4）运行

中维护解锁；(5) 紧急解锁。

136. 在操作中遇到防误装置故障或非装置故障，需解锁时应执行哪些程序？

在正常操作中，当出现防误装置及电气设备异常需要解锁时，操作人员应先认真核对操作过程及查找异常发生的原因，确无问题后汇报所领导，经所领导到现场确认核实无误，请示上级主管领导批准后，方可解锁操作。解锁操作只针对操作票执行过程中的某一步进行解锁，之后的操作按正常程序进行。解锁钥匙使用后立即封存。

137. 在检修过程中，配合检修单位工作，需将防误装置解锁时应执行哪些程序？

配合检修解锁又分为配合一次设备检修的解锁和配合二次设备检修的解锁两类。(1) 一次设备检修时的解锁，由操作人员汇报所领导，请示上级主管领导批准后，由所领导指派专人执与倒闸操作票对应统一的解锁票进行解锁，解锁操作只限于将锁具打开，不再进行其他操作。检修结束后，恢复时仍依据解锁票将锁具锁定分位，不进行其他操作。解锁钥匙使用后立即封存。(2) 二次设备检修时的解锁，由运行人员汇报所领导，请示上级主管领导批准后，由所领导指派专人进行解锁，并做好现场监督，但不进行其他操作。解锁钥匙使用后立即封存。

138. 运行中对锁具进行维护，需将防误装置解锁时应执行哪些程序？

由运行人员办理好工作许可手续，汇报所领导，请示上级主管领导，做好相应安全措施后，方可解锁，解锁操作只限于解开锁具，不得进行设备操作。工作完成后，立即封存解锁钥匙。

139. 遇有危及人身、电网和设备安全等紧急情况,需将防误装置解锁时应执行哪些程序?

由运行人员汇报所领导,请示上级主管领导同意后,实施解锁操作。操作完成后,立即封存解锁钥匙。

140. 操作过程中如遇有程序锁打不开等问题时,应怎样处理?

在操作过程中遇有程序锁打不开等问题时,严禁擅自解锁或更改操作票,同时不要主观地认为是钥匙或锁具存在问题,必须立即停止操作,先按照"四对照"原则进行检查,确认"自己是不是走错间隔了"。确认被操作设备、操作步骤均正确无误后,再查找、处理设备缺陷。若确实需要进行解锁操作,应执行解锁钥匙审批手续。

141. 什么是电脑钥匙跳步操作?

跳步操作是指当锁具等出现异常,用电脑钥匙不能解锁,经主管领导批准后,进行强制解锁操作,而电脑钥匙仍显示当前项(已强制解锁操作过的项),需要电脑钥匙跳过本项,以便于后续项的正常操作。

在钥匙面板上按"确认"键,进入当前步骤操作功能列表,移动上下键选择"跳过本步"菜单确认,弹出输入"跳步码"对话框。

当跳步操作成功后且从跳步钥匙拔出,电脑钥匙自动加载下一步操作,使操作继续进行。

142. 什么是应急解锁操作?

应急解锁是指在事故情况下不使用五防系统进行模拟、传票,直接使用解锁钥匙对现场设备进行解锁操作。

143. 什么是机械锁应急解锁?

将机械解锁钥匙插入机械编码锁中并旋转 90°,打开机械编码锁，即可进行刀闸等设备操作。

144. 什么是电气锁应急解锁？

将电气锁解锁钥匙插入电气锁中，闭锁回路即被短路，这时即可进行断路器的操作。

145. 怎样进行应急解锁后的状态设置？

应急解锁操作后，应及时利用五防系统中的"设备对位"功能对设备状态进行设置，使计算机中显示的设备状态和现场保持一致。

146. 怎样使用标准化用语来接听调度下达的操作任务电话？

"您好！××变电所。"调度明确身份后再说："我是值班长（值班员）×××，请您稍等，我准备记录。""好，您请讲。""好，我复诵一遍。""再见。"

147. 操作完毕怎样使用标准化用语向调度汇报操作结果？

"调度（或×××）您好，我是××变电所值班长×××，×××号操作综合令，任务：××××××，执行完毕"。待调度重复并确认操作结果后说"再见"。

148. 向调度汇报设备缺陷时应说清哪几方面内容（举例：1号主变瓦斯继电器底部渗油）？

如现场发生设备缺陷，需要向调度汇报时，需将发生缺陷的设备名称、缺陷部位、缺陷程度或级别、现在设备运行状态或状况等情况向调度逐一汇报清楚。例如："调度（或×××）您好，我是××变电所值班长（值班员）×××，我所×时×分，发现1号主变瓦斯继电器底部渗油，初步鉴定为一般缺陷（如现场不能定性的设备缺陷类别，可不进行缺陷类别判断）。现在1号主变油位正常。"

149. 发生事故时，向调度汇报的基本原则是什么？

如现场发生事故，运行人员应在第一时间向调度汇报当时看到、听到的事故现象，同时对现场设备进行详细检查，然后将检查结果再次向调度汇报，并初步判断事故原因。

150. 发生事故时应向调度汇报哪些内容？

常规变电所：时间、音响、表计指示、灯光指示、光字牌、继电器动作情况，现场检查设备状态和实际位置，所内其他设备运行状况。

综合自动化变电所：时间、音响、后台机信息、前台机信息、指示灯灯光等现场设备状态和实际位置，所内其他设备运行状况。

151. 接受、办理第一种工作票时，怎样使用标准化工作用语与调度进行联系？

接受工作票："调度（或×××）您好，我是××变电所值班长×××，××时××分，接到××××（单位）的××××号第一种工作票一份，工作任务：××××，计划工作时间××时××分到××时××分。"

开工许可："调度（或×××）您好，我是××变电所值班长×××，××××（单位）的××××号第一种工作票，现场安全措施已经交代完毕，可以开工。"

工作终结："调度（或×××）您好，我是××变电所值班长×××，××××（单位）的××××号第一种工作票，全部工作结束，现场检查没有问题。"

152. 哪些工作需填电气第一种工作票？

需要高压设备全部停电、部分停电或做安全措施的工作，填电气第一种工作票。

153. 哪些工作需填电气第二种工作票？

大于 GB 26860—2011《电力安全工作规程 发电厂和变电站电气部分》表 1 规定的设备不停电时的安全距离的相关场所和带电设备外壳上的工作以及不可能触及带电设备导电部分的工作，填电气第二种工作票。

154. 哪些设备同时停、送电，可使用一张电气第一种工作票？

（1）属于同一电压等级、位于同一平面场所，工作中不会触及带电导体的几个电气连接部分。（2）一台变压器停电检修，其开关也配合检修。（3）全站停电。

155. "已执行"章如何使用？

"已执行"章盖在工作票任务栏右侧，盖在操作票或操作综合令票最后一栏填写内容下一行的右端。

156. 一个人可以同时兼任一张工作票的工作票签发人、工作负责人和工作许可人吗？

不可以，一张工作票中，工作票签发人、工作负责人和工作许可人三者不得互相兼任。

157. 工作票签发人的安全责任有哪些？

工作票签发人的安全责任包括：（1）确认工作必要性和安全性。（2）确认工作票上所填安全措施正确、完备。（3）确认所派工作负责人和工作班人员适当、充足。

158. 工作负责人的安全责任有哪些？

工作负责人的安全责任包括：（1）正确、安全地组织工作。（2）确认工作票所列安全措施正确、完备，符合现场实际条件，必要时予以补充。（3）工作前向工作班全体成员告知危险点，督促、监护工作班成员执行现场安全措施和技术措施。

159. 专责监护人的安全责任有哪些？

专责监护人的安全责任包括：(1) 明确被监护人员和监护范围。(2) 工作前对被监护人员交代安全措施，告知危险点和安全注意事项。(3) 监督被监护人员执行 GB 26860—2011《电力安全工作规程 发电厂和变电站电气部分》和现场安全措施，及时纠正不安全行为。

160. 工作许可人的安全责任有哪些？

工作许可人的安全责任包括：(1) 确认工作票所列安全措施正确完备，符合现场条件。(2) 确认工作现场布置的安全措施完善，确认检修设备无突然来电的危险。(3) 对工作票所列内容有疑问，应向工作票签发人询问清楚，必要时应要求补充。

161. 工作班成员的安全责任有哪些？

工作班成员的安全责任包括：(1) 熟悉工作内容、工作流程，掌握安全措施，明确工作中的危险点，并履行确认手续。(2) 遵守安全规章制度、技术规程和劳动纪律，执行安全规程和实施现场安全措施。(3) 正确使用安全工具和劳动防护用品。

162. 电气第一、二种工作票的有效时间以什么为限？

电气第一、二种工作票的有效时间，以批准的检修计划工作时间为限。延期应办理延期手续。

163. 工作票编号是如何规定的？

工作票的编号为七位阿拉伯数字，其中前两位数为年度编号，第三、四位数为月份编号，后三位为工作票顺序号。一个签发单位的每类工作票每月从 001 开始顺序编号，不准重复和断号。

164. 工作票内单位栏、班组栏、工作班（组）人数栏和工作班（组）人员栏如何填写？

(1) 单位栏：填写工作负责人所在单位名称（全称）。

(2)班组栏：在一个专业班组作业时，填写作业班组名称（全称）；在多专业分组作业时，填写所有专业班组名称（全称）。(3)工作班（组）人数栏：填写所有工作班（组）人员总数。(4)工作班（组）人员栏：第一种工作票：一个班组作业时，填写所有作业人员姓名；多个班组（两个以上）作业时，填写小组工作负责人姓名，在小组工作负责人姓名后填写"等__人"。第二种工作票：填写所有作业人员姓名。

165. 工作票内"工作地点和工作任务栏""计划工作时间栏"如何填写？

（1）"工作地点和工作任务栏"：写明变电所全称、电压等级、设备双重名称和具体工作任务。第一种工作票工作任务应与停电申请及停电范围一致。(2)计划工作时间栏：采用24h时间格式，年度写四位数字，月、日、时、分均填写两位数字；第一种工作票的计划工作时间应与批准时间一致。

166. 第一种工作票内"应拉开关和刀闸"栏如何填写？

由工作票签发人填写所有需要拉开的、与检修设备相关的高压开关、刀闸（包括接地刀闸）。使用设备的双重名称，同一回路开关和刀闸填写在一起；按照电压等级从高到低、同一电压等级设备编号从小到大的顺序填写：(1)主变各侧开关、母联、电压互感器填写电压等级，其他设备不填写电压等级；(2)对一经合闸即可送电到工作地点的开关、刀闸，填写"××（编号）刀闸操作机构锁住"；小车开关填写"将×××（编号）开关及隔离车拉至检修位置，柜门锁住"；(3)同一个电压等级多条线路的，可简化填写。

167. 第一种工作票内"应装设接地线"栏应如何填写？

由工作票签发人填写规程要求的所有接地线和接地刀

闸,接地线装设地点应明确。使用设备双重名称,按照电压等级从高到低、同一电压等级设备编号从小到大的顺序填写。

168. 第一种工作票内"应设遮栏、应挂标示牌"栏应如何填写?

遮栏、标示牌按照规程规定设置,遮栏应写明装设遮栏的地点、范围,挂标示牌的位置填写设备编号和具体位置。可不填写设备或回路名称。如"在×××(编号)乙刀闸操作把手悬挂'×××'标示牌"、"在×××周围装设围栏"等。

169. 第一种工作票内"工作地点保留带电部分和补充安全措施"栏如何填写?

由工作票签发人填写,填写与停电检修设备相邻的第一个间隔带电设备,有误触(碰)、误登、误入带电间隔危险的带电部分;补充安全措施应将需要变电所执行的补充安全措施填全,包括应拉开的直流及信号熔断器(刀闸)、保护压板、低压开关、二次回路隔离防护等安全措施。

170. 第一种工作票中有接地刀闸和绝缘挡板时如何填写?

合上接地刀闸和装设绝缘挡板应填写在已装设接地线栏,且填写装设的具体地点及编号;拆除接地刀闸和绝缘挡板体现在备注栏内。

171. 多单位持多张第一种工作票在同一单位同时进行作业时,小范围工作票如何办理?

在已有安全措施范围内,如存在小范围作业,宜按已有的全部安全措施签发工作票,该工作票开工和完工不受其他工作票约束。如小范围作业工作票未填写全部安全措施，该工作票必须在大范围工作票开工后开工，且必须在大范围工作票完工前办理完工手续。

172. 工作许可人在完成施工作业现场的安全措施后，还应完成哪些手续？

工作许可人还应完成以下手续：（1）会同工作负责人到现场再次检查所做的安全措施。（2）对工作负责人指明带电设备的位置和注意事项。（3）会同工作负责人在工作票上分别确认、签名。

173. 变电所办理完工作许可手续后，还应履行哪些手续后方可开始工作？

工作许可后，工作负责人、专责监护人应向工作班成员交代工作内容和现场安全措施。工作班成员履行确认手续后方可开始工作。

174. 作业期间，工作负责人在哪些情况下可以参加工作班的工作？

工作负责人在全部停电时，可以参加工作班的工作；部分停电时，只有在安全措施可靠，人员集中在一个工作地点，不致误碰有电部分的情况下，方可参加工作。

175. 工作过程中，转移工作地点有哪些要求？

在同一电气连接部分依次在几个工作地点转移工作时，工作负责人应向工作人员交代带电范围、安全措施和注意事项。

176. 检修工作完毕后，如何办理工作终结手续？

全部工作完毕后，工作负责人应向运行人员交代所修项目状况、试验结果、发现的问题和未处理的问题等，并与运行人员共同检查设备状况、状态，在工作票上填明工作结束时间，经双方签名后表示工作终结。

177. 摇表"L"和"E"端子反接有什么影响？

测量结果不准确。因为摇表在设计制造时，"E"端及其内部接线对外壳的绝缘水平要比"L"端低，当"L"和"E"端子反接使用时，"E"端对地的绝缘电阻将与被测绝缘电阻并联，引起测量结果变小，特别是当"E"端对地绝缘电阻不符合要求时，将会引起更大的误差。

178. 用摇表测量绝缘电阻时，摇表的测量引线绞在一起有什么影响？

测量结果不准确。因为摇表的电压较高，如果将两根引线绞在一起进行测量，当导线绝缘不良时，相当于在被测设备上并联了一只电阻，将影响测量结果。

179. 用摇表测量绝缘电阻时，对于手摇发电机的转速有什么规定？为什么？

（1）手摇发电机的转速一般规定为120r/min，允许有±20%的变化，最高不应超过±25%。（2）这样规定的原因：从摇表的原理看，摇表的读数与发电机的电压（转速）无关。但在测量设备绝缘电阻时，通过绝缘介质的泄漏电流与所加电压的高低有关。当绝缘介质存在局部缺陷时，电压要升高到一定程度才能表现出来，此时如果转速较低，就不能正确地反映绝缘的实际情况。另外，转速不均匀也会影响测量结果。所以为了保证测量结果的准确性，摇表应保持一定转速均匀转动。

180. 用摇表测量绝缘电阻时，摇测时间规定为多长时间？为什么要这样规定？

1min。对于电容器、电缆、大容量变压器等设备，由于存在吸附效应，因此在测量绝缘电阻时需要一定的充电时间。电容量越大，所需充电时间越长。一般情况下，当摇表达到一定转速1min后读取的测量结果就比较准。

181. 综合自动化变电所常见的异常现象有哪些？

主要包括小电流接地系统的单相接地、电压互感器一次熔断器熔断、电压互感器二次熔断器熔断以及系统谐振等。

182. 如何区分系统接地、系统谐振以及电压互感器一、二次熔断器熔断现象？

常规变电所：(1) 如果有"母线接地"光字，则不是电压互感器二次熔断器熔断；(2) 如果有"母线接地"光字，绝缘监察电压表指示有升高也有降低，则不是电压互感器一次熔断器熔断；(3) 如果有"母线接地"光字，绝缘监察电压表指示有升高也有降低，且有"交流电压回路断线"光字，则是系统谐振；(4) 如果有"母线接地"光字，绝缘监察电压表指示为一相降低、两相升高，没有"交流电压回路断线"光字，则是系统接地。

综合自动化变电所：(1) 如果有"3U0越限"信号，则不是电压互感器二次熔断器熔断；(2) 如果有"3U0越限"信号，相电压棒图有升高也有降低，则不是电压互感器一次熔断器熔断；(3) 如果有"3U0越限"信号，相电压棒图有升高也有降低，且有"电压互感器断线"信号，则是系统谐振；(4) 如果有"3U0越限"信号，相电压棒图指示一相降低、两相升高，没有"电压互感器断线"信号，则是系统接地。

183. 如何区分开关跳闸后重合闸动作成功、不成功、未动以及开关是否拒合？

(1) 如果保护信号继电器动作，重合闸信号继电器未动作，开关在分位，则为重合闸未动；(2) 如果保护及重合闸信号继电器动作、JSJ继电器励磁保持，开关在分位，则为重合闸动作后开关拒合;(3) 如果保护及重合闸信号继电器动作,开关在分位,则为重合闸动作不成功;(4) 如果保护及重合闸信号继电器动作,开关在合位,表计可能有指示(但比正常小),则为重合闸动作成功。

184. 一键顺控的定义是什么?

一键顺控是一种操作项目软件预制、操作任务模块式搭建、设备状态自动判别、防误联锁智能校核、操作步骤一键启动、操作过程自动顺序执行的操作模式。

185. 什么是一键顺控操作票?

存储在一键顺控系统中的用于一键顺控的操作序列,包含操作对象、当前设备状态、目标设备状态、操作任务名称、操作项目、操作条件、目标状态等内容,在变电站投运前应调试验证通过。

186. 什么是隔离开关开、合闸位置"双确认"?

隔离开关开、合闸位置的判断,用两个或两个以上非同样原理或非同源的状态指示同时发生对应变化来确认隔离开关已分闸或合闸到位。

187. 一键顺控技术适用范围有哪些?

一键顺控技术适用于以下范围:(1) 组合式电器、敞开式电器、充气式开关柜"运行、热备用、冷备用"三种状态间的转换操作。

(2) 空气绝缘开关柜"运行、热备用"两种状态间的转换操作,配置可靠运行电动底盘的开关柜,可实施"运行、热备用、冷备用"三种状态间的转换操作。

(3) 倒母线、主变中性点切换、终端变电站电源切换操作。

(4) 二次空气开关、二次压板投退操作。

188. 变电所无线测温在线监测系统应满足哪些要求？

应满足以下要求：

(1) 采取无线测温原理。

(2) 现场测温设备不会改变原有设施的基本结构，保证其安全性。

(3) 温度传感器的测量精度高。

(4) 温度的刷新速度快。

(5) 要具备完善的自我诊断功能。

(6) 要具备强大的软件功能。

189. 分析大风将杂物刮落到检修设备上，送电造成事故的原因及预防措施。

(1) 事故经过：某110kV变电所I段检修期间，1号主变中压侧开关套管A、B两相因一锡箔纸短路，送电时造成35kV I、II段母差及1号主变差动保护动作，开关跳闸。

(2) 原因分析：①投产验收或检修送电前检查不细。②没有采取防止杂物刮入的措施。③周围垃圾未及时清理。

(3) 预防措施：①设备检修后送电前对设备本体及周围环境认真检查。②增加开关场四周的防护措施，如加围栏网或种植绿篱带。③定期清理开关场内外易刮起的杂物。

190. 分析带地线合闸送电事故原因及预防措施。

(1) 事故经过：某变电所检修工作接近尾声，在验收设备时发现110kV进线刀闸处还存在问题，检修单位要求保留110kV进线地线，以便他们整改问题。这时天开始下起小雨，为防止雨下大影响倒闸操作，所领导召集一些非在岗人员分头去拆除开关场内其他地线（进线刀闸处的地线保留）后就去吃饭。当调度来电话询问所内地线是否全部拆除时，当值值班长在对现场情况不明的情况下，凭自己的印象回答调度"地线已全部拆除"。随后调度下令上级变电所合闸送电，导致上级电源开关跳闸。

（2）原因分析：①所领导代替当值值班长指挥操作；当值值班长不掌握现场安全措施和设备状态。②不按标准化操作步骤操作，未持正式票操作，且多人进行操作。③检修工作终结的界限不清；工作未完便开始操作，地线没有一次性全部拆除造成遗漏。

（3）预防措施：①倒闸操作由当值值班长负责指挥；调度管辖设备必须按照调度命令执行，严禁所领导不经过值班长，组织非当值人员进行操作。②严禁不持正式操作票操作，严禁操作中跳项、漏项或多人同时进行一个操作任务。③检修工作未结束，严禁拆除检修现场地线；若确需变更安全措施，必须重新办理工作票，经过调度许可，由当值值班长履行工作许可手续；当值值班长必须清楚现场设备状态，若不确定要亲自到现场落实。

191. 分析走错间隔误拉刀闸事故原因及预防措施。

（1）事故经过：某110kV变电所一台主变因内部故障三侧开关跳闸后，调度命令将该主变由热备用状态转为检修状态。操作人员在拉开停电主变6kV侧乙刀闸时，没有走到停电主变所对应的电抗器室，而是走到正在运行的另一台主变的电抗器室门口，几经周折将门打开后，发现室内无灯，操作人员去取手电，现场仅剩的一名非当值人员用打火机做照明，在没有监护人的条件下，一人将刀闸拉开造成带负荷误拉刀闸事故。

（2）原因分析：①违反规程规定，没有按规程执行，没有严格执行"四对照"，没有认真核对设备，走错间隔，单人操作。②非当值人员代替操作人员操作。③未执行程序锁使用规定，擅自使用解锁钥匙操作。④照明不满足操作需要。

（3）预防措施：①加强规程学习，倒闸操作要严格按照《变电所操作票、工作票实施规程》规定倒闸操作程序和标准化流程进行操作，操作前认真执行"四对照"，倒闸操作必须严格执行监护复诵制度。②严禁非当值人员影响、代替操作人员操作。③严格按照程序锁使用规定执行，不得随意使用解锁钥匙。④定期维护所内低压照明，确保工作可靠。

192. 分析设备维护中无人监护造成触电事故原因及预防措施。

（1）事故经过：某35kV变电所所长在精神状态不好（因几天前，其母刚刚病故）的情况下，单独修理运行的35kV进线开关柜后门门锁失灵隐患，因疏忽进入柜内造成触电身亡。

（2）原因分析：①未严格执行缺陷管理程序。②未严格执行工作票制度。③单人工作。④工作人员精神状态不佳，缺乏安全保护意识。

（3）预防措施：①加强对设备缺陷的管理，发现问题及时汇报处理。②严格执行工作票制度，在电气设备上任何工作必须签发工作票，履行工作许可手续。③在电气设备上工作至少两人进行，其中一人负责监护，严禁单人工作。④精神状态不佳的人员不得在电气设备上进行工作。

193. 分析单人清扫检修设备误碰带电部分造成触电亡人事故原因及预防措施。

（1）事故经过：某35kV变电所的师徒二人去清扫某一

6kV 线路开关柜内的卫生，师傅吩咐徒弟去拿清扫工具。自己去拿清扫时用的梯子，当师傅扛着梯子进入 6kV 高压室走向清扫地点时，有人喊他接电话，他随即将梯子靠放在临近的某个运行 6kV 开关柜门上，转身去接电话；这时徒弟取来了工具，走进 6kV 高压室，见梯子已被靠在开关柜上，误认为就是要清扫的开关柜，随即登梯进行清扫，导致触电身亡。

（2）原因分析：①工作负责人擅离工作现场，且离开前未对工作人员交代工作内容、工作现场带电部位和安全事项。②工作班成员凭感觉判断，未做必要的核实，且单人工作。③工作中从事与工作无关的事情。④梯子搬运方式不对。

（3）预防措施：①在电气设备上工作必须办理工作票，履行工作许可手续；工作期间，工作负责人必须始终在工作现场，不得擅自离开；若确需离开时要履行必要的交接手续。②工作班成员在开始工作前必须履行必要的确认手续，且不得单人进行工作。③工作中不得从事与工作无关的事情。④梯子要放倒搬运。

194. 分析清扫二次设备造成保护误动事故原因及预防措施。

（1）事故经过：某变电所在检修后清扫二次回路卫生时，因某一出口继电器外壳安装不牢，未做检查，且清扫时操作要领不当，将该继电器外壳碰落，造成保护误动。

（2）原因分析：①工作前没有就工作中可能出现的风险制订防范措施。②工作前工作负责人没有向工作班成员交代风险及清扫中的注意事项。③清扫要领不正确。④设备检修后验收不到位，未及时发现继电器外壳固定不牢。

（3）预防措施：①开工前认真进行风险识别并制定切

实可行的防范措施。②工作负责人在开工前必须向工作班成员交代工作中存在的风险,工作班成员必须认真履行确认手续。③加强设备清扫要领的培训,工作中认真贯彻执行。④加强设备检修后的验收质量,及时发现事故隐患并消除。

195. 分析不熟悉设备工作造成事故原因及预防措施。

(1) 事故经过:某变电所两名变电工去临时变电所执行送电任务。由于雨季道路泥泞,车辆无法到达临时变电所,二人下车步行,前者到达后,不等后者赶上便要单独进行操作。在合上开关前,他首先查看开关油位是否正常(这种6kV开关为少油开关,外壳及油标处带电,应全部密封起来,只留一个玻璃看窗),此时这台油开关的看窗没有玻璃,操作人员通过无玻璃的看窗往里看,发现有一相油标有油污,看不清油位,这时他忘记了少油开关外壳带电,将手伸进看窗内欲擦拭油标的油污,造成手及肘部击穿。

(2) 原因分析:①设备管理不到位,安全防护措施不到位。②单人检查设备及操作。③操作人员安全防范意识不够。

(3) 预防措施:①加强设备管理,确保安全措施到位。②没有监护人在场时,不允许单人检查或操作设备。③加强员工安全思想教育,增强安全防范意识。

196. 分析未验电或验电位置不正确造成事故原因及预防措施。

(1) 事故经过:某线路检修队在某条35kV线路检修作业时,需先将此35kV线路下的一条6kV线路停电。在停电操作时,由于刀闸转动杆末端固定螺栓脱落使刀闸有一相未拉开,操作人在操作后未做认真检查,这样就造成了6kV线路有一相带电。按规定,线路队在检修作业前应在6kV

线路验电并做地线，但他们没有做地线，且验电时他们觉得 6kV 线路验电不方便，于是便来到 6kV 线路上接的一台变压器前，在变压器的二次侧验电（由于 6kV 线路只有一相带电而变压器一次侧中性点未接地或接地线接触不良，因此变压器一次侧此时无电流，二次自然无电压，所以此时二次侧验电应是无电）。在未验出有电后，他们开始拆除 35kV 线路，导线落在 6kV 线路上，当一名工人站在地上接拆下的 35kV 导线时被电击致残。

（2）原因分析：①怕麻烦未直接验电。②对电气设备的接线、原理不清。③刀闸操作后的效果检查不到位。④验电位置不正确。⑤对于可能导致停电设备带电的部位未装设接地线。⑥技术水平不够，不清楚设备状况。

（3）预防措施：①设备操作后必须认真进行检查效果。②验电位置必须正确。③工作不能投机取巧，对于可能导致停电设备带电的各处必须装设地线。④加强技术培训，提高人员的技术水平。

197. 分析因误判断引起的事故原因及预防措施。

（1）事故经过：某变电所值班人员在凌晨两点左右，发现某 35kV 出线开关绿灯突然闪光（误发信号——操作机构因寒冷发生变化，使开关绿灯闪光回路的辅助接点接通）。一名值班员凭借自己头脑中"绿灯闪就是开关跳闸"这一概念，立即将绿灯闪光的开关拉开，在检查保护动作情况时，才发现无任何保护动作。

（2）原因分析：①值班人员的技术水平不够，拉开关时未检查表计指示和保护动作情况。②未严格执行应急处理程序，未先检查保护动作情况、负荷情况及开关实际位置即擅自处理。

(3) 预防措施：①加强技术培训，提高运行人员综合分析判断能力。②加强应急处理程序的学习及演练，遇事先进行综合检查（保护动作情况、负荷情况及开关实际位置），而后汇报调度，经许可后再复归 KK 把手及保护动作信号。

198. 分析因保护压板漏投或虚接造成事故原因及预防措施。

（1）事故经过：某变电所 35kV 线路停电检修操作完毕（依照上级有关规定，该线路保护压板在投入位置），这时有检修单位来调试该线路的保护定值，压板被擅自停用。当该线路送电前，操作人员未对其保护压板的投停情况进行检查，未发现保护压板在停用位置，由于该线路上有一组丁刀闸未拉开，导致越级跳闸。

（2）原因分析：①保护人员擅自停用压板，且在工作完成后没有恢复到工作前状态。②设备检修后验收不到位，对调试后的保护状态不清楚。③设备送电前未检查保护压板投停情况。④交接班管理不到位，没有检查保护压板状态。

（3）预防措施：①检修人员不得自行停用保护压板，如工作需要应通知值班人员，由值班人员操作压板并做好记录。②加强设备检修后的验收质量。③设备送电前应检查保护投停正确。④加强交接班管理，交接班时要认真核对各保护投停情况。

199. 分析二次设备进雨、雪造成事故原因及预防措施。

（1）事故经过：①进水案例：某变电所设备年检时，用高压水枪对检修后的主变进行清洗，由于瓦斯继电器电缆入口未包好，使高压水流侵入，在交接班时未对直流系统绝缘情况进行检查，致使送电后主变瓦斯保护误动跳闸。②进雪案例：1983 年冬季某变电所主变风冷总控制箱底部进雪堆积造成保护端子短接使保护误动，主变跳闸。

(2) 原因分析：①值班期间对直流系统绝缘情况监视不到位，未及时发现直流绝缘问题。②设备管理不到位，瓦斯继电器密封不严。③设备验收不到位，没有及时发现瓦斯接线盒内有积水。④入冬前未对端子箱、控制箱密封情况进行检查。

(3) 预防措施：①值班期间应随时监视直流系统的绝缘情况，发现问题及时查找及时处理。②加强设备维护，做好端子箱、机构箱、主变瓦斯继电器密封工作。③设备检修后加强验收工作，及时发现事故隐患，及时汇报处理。④入冬前检查端子箱、机构箱密封情况，及时封堵孔洞。

200. 分析导线过松、电缆冻断、接点过热造成的事故原因及预防措施。

(1) 事故经过：①导线过松案例：某110kV变电所35kV出线开关A相引出线因风大对耦合电容器上引线造成放电短路跳闸。②接点过热案例：某110kV变电所35kV出线A相阻波器吊杆熔断脱落，造成两相短路，开关跳闸。③电缆冻断案例：某110kV变电所1号主变器身到储油池之间瓦斯二次电缆由于冻涨断裂造成短路，导致瓦斯保护动作跳闸。

(2) 原因分析：①导线发生过松或过紧的主要原因是投产时或检修更换导线后验收不严，且运行人员在大风天气巡视不到位，没有认真检查导线摆动情况。②接点过热多数是因紧固元件不紧及验收不到位造成的。③电缆冻断的原因是电缆护管转弯处积水，上部没有密封，冬季就可能被冻断。

(3) 预防措施：①加强巡视工作，结合季节特点，对导线松紧情况进行重点检查，发现导线过松或过紧要及时汇报，通知检修人员鉴定处理。②在投产验收或检修验收时对所有接点的紧固件进行严格的检查验收。③做好电缆护管密封工作，在电缆护管转弯处打排水孔，将电缆护管上部密封，防止雨水进入；冬季巡视时重点检查电缆护管上口处电缆有无上拔的迹象，及时发现及时处理。

201．分析小动物上设备造成事故原因及预防措施。

（1）事故经过：某变电所35kV出线开关上猫造成A、B两相短路，导致I、II段母差保护动作，开关跳闸。

（2）原因分析：①场区内或附近有小动物的生存条件。②变电所防小动物措施不到位。

（3）预防措施：①清理场区内外卫生，隔离小动物食物来源。②完善防小动物措施，且确保切实有效（及时更换诱饵，机构灵活）。③封闭高压室、电缆沟、开关场及设备孔洞，清除小动物寄居场所。④发现小动物及时采取措施诱捕。

二、HSE 知识

（一）名词解释

1．静电：由于物体与物体之间的紧密接触和分离，或者相互摩擦，发生了电荷转移，破坏了物体原子中的正负电荷的平衡而产生的电。

2．电气火灾爆炸：是指电气方面形成的火源所引起的火灾和爆炸。

3．触电：触电是电击伤的俗称，通常是指人体直接触及带电导体或高压电经过空气或其他导电介质传递电流通过人体时引起的组织损伤和功能障碍。

4. 跨步电压触电：指电气设备绝缘损坏或当输电线路一根导线断线接地时，在导线周围的地面上，由于两脚之间的电位差所形成的触电。

5. 电击伤害：是指在发生电击时，电流通过人体的内部，造成人体内部组织的破坏，危害呼吸、心脏和神经系统。严重的电击会导致触电人的死亡。

6. 违章操作：职工在劳动过程中，违反劳动的安全法规、标准规章制度及操作规程，冒险进行操作的行为。

7. 电力安全工器具：是指为防止触电、灼伤、坠落、摔跌等事故，保障工作人员人身安全的各种专用工具和器具。

8. 基本绝缘安全用具：绝缘强度足以抵抗电气设备运行电压的安全用具。

9. 辅助绝缘安全用具：绝缘强度不足以抵抗电气设备运行电压的安全用具。

10. 电伤：电流的热效应、化学效应、机械效应对人体组织或器官造成的伤害。

11. 风险：在HSE管理体系中是指某一特定危害事件发生的可能性与后果严重性的组合。风险是特定事件发生的概率和可能危害后果的函数：风险＝可能性×后果的严重程度。

12. 危险：是指可能导致事故的状态，它是指事物处于一种不安全的状态，是可能发生潜在事故的征兆。

13. 风险评价：是指评估风险程度以及确定风险是否可允许的全过程。

14. 风险控制：是利用工程技术、教育和管理手段消除、替代和控制危害因素，防止发生事故、造成人员伤亡和财产损失。

15. 噪声：是声强和频率的变化都无规律、杂乱无章的声音。

16. 临时用电作业：在生产或施工区域内临时性使用非标准配置 380V 及以下的低电压电力系统不超过 6 个月的作业。

17. 吊装作业：是利用各种吊装机具将设备、工件、器具、材料等吊起，使其发生位置变化的作业过程。

18. 工作前安全分析：是指在作业前，由作业负责人组织施工作业人员辨识作业环境、场地、设备工具、人员，以及整个作业过程中存在的危害，从而提前制定防范措施，避免或减少事故发生的一种风险防控方法。

19. 作业许可：是指在从事高危作业及临时性的、缺乏程序规定的非常规作业之前，为保证作业安全，必须取得授权许可方可实施作业的一种管理制度。

20. 两书一表："两书一表"是"HSE 作业指导书""HSE 作业计划书"和"HSE 现场检查表"，是中国石油天然气集团有限公司基层组织 HSE 管理的基本模式，是 HSE 管理体系在基层安全生产管控的具体实施方法。

21. 属地：员工所负责日常管理的工作区域，可包含作业场所、实物资产和人员。属地应有明确的范围界限，有具体的管理对象（人、物等），有清晰的标准和要求。

22. 属地管理：对属地内的管理对象按标准和要求进行组织、协调、领导和控制。

23. 事件：发生或可能发生与工作相关的健康损害、人身伤害（无论严重程度）或死亡情况。事件的发生可能造成事故，也可能并未造成任何损失，因此说事件包括事故。

24. 事故：是人（个人或集体）在为实现某种意图而进

行的活动过程中，突然发生的、违反人的意志的、迫使活动暂时或永久停止的事件。

（二）问答

1. 变电站工作人员应符合哪些要求？

变电站工作人员应符合以下3条要求：(1) 经医师鉴定，无妨碍工作的病症（体格检查至少每两年一次）。(2) 具备必要的安全生产知识和技能，从事电气作业的人员应掌握触电急救等救护法。(3) 具备必要的电气知识和业务技能，熟悉电气设备及其系统。

2. 如何正确佩戴安全帽？

(1) 调整好安全帽内衬圆周大小，松紧合宜。(2) 系好下颌带，松紧合宜。(3) 头盔前沿要压至眉头之上，不要露出额头（要优先保护前额，因为大多数意外都是往前摔的）。

3. 安全帽有哪些情况时应报废？

安全帽出现以下3种情况应报废：(1) 受严重冲击的安全帽。(2) 破损或变形的安全帽。(3) 从产品制造完成之日计，达到2.5年的安全帽。

4. 哪些原因容易导致发生机械伤害？

以下情况容易导致发生机械伤害：(1) 工具、夹具、刀具不牢固，导致工件飞出伤人。(2) 设备缺少安全防护设施。(3) 操作现场杂乱，通道不畅通。(4) 金属切屑飞溅等。

5. 为防止机械伤害事故，有哪些安全要求？

对机械伤害的防护要做到"转动有罩、转轴有套、区域有栏"，防止衣袖、发辫和手持工具等被绞入机器。

6. 电气火灾与其他火灾相比有哪些特点？

电气火灾与其他火灾相比有如下特点：（1）着火后电气设备可能是带电的，若不注意，可能引起触电事故，即火灾事故和人体触电事故同时存在。（2）有些电气设备（如电力变压器、多油开关等）本身充装有大量油，在火灾发生时，可能发生喷油甚至爆炸，即火灾事故与爆炸事故同时发生。

7. 变电所发生火灾如何报火警？

发现火灾时，应立即扑救并通知消防队和有关部门领导。设有火灾自动报警装置或固定灭火装置时，应立即启动报警或灭火，火灾报警要点：火灾地点、火势情况、燃烧物和大约数量、报警人姓名及电话号码。

8. 电气设备发生火灾时如何处理？

电气设备发生火灾时：（1）电气设备发生火灾时应立即报告调度，并立即将有关设备的电源切断，采取紧急隔离措施。（2）电气设备灭火时，仅准许在熟悉该设备带电部分的人员的指挥或带领下进行灭火。（3）参加灭火的人员在灭火时应防止被火烧伤或被燃烧物所产生的气体引起中毒、窒息以及防止引起爆炸。（4）电气设备上灭火时应防止触电。

9. 电气设备发生火灾时切断电源的注意事项有哪些？

发现电气设备起火后，应首先设法切断有关电源。切断电源时要注意以下几点：

（1）火灾发生后，由于受潮或烟熏，开关设备绝缘能力降低，因此，拉闸时最好用绝缘工具操作。（2）高压应先拉开关而不应先操作刀闸切断电源；低压应先操作电磁起动器而不应先操作开关、刀闸切断电源；以免弧光短路或烧伤人员。（3）切断电源的地点要选择适当，防止切断电源后影响灭火工作。(4) 剪断电线时，非同相电线应在不同部位剪断，以免造成短路。(5) 剪断空中电线时，剪断位置应选择在电源风向支持物附近，防止电线剪断后掉落下来造成接地短路或触电事故。(6) 剪断电线时，无论线路带电与否，均应视为线路带电，使用的剪钳绝缘性能必须良好，必须在试验周期内。

10. 灭火时与带电体的安全距离为多少？

灭火时与带电体的安全距离：(1) 用水灭火时，水枪喷嘴至带电体的距离：电压为110kV以下者，应不小于3m；电压为220kV以上者，应不小于5m。(2) 用二氧化碳等不导电灭火剂的灭火器灭火时，机体、喷嘴至带电体的最小距离：电压为10kV者，应不小于0.4m；电压为35kV者，应不小于0.6m。

11. 变压器防火距离的要求有哪些？

油量为2500kg及以上的室外变压器之间，如无防火墙，35kV及以下防火距离不应小于5m，110kV不应小于8m，若不能满足应设置防火墙，防火墙的高度应高于变压器油枕，其长度不应小于变压器的贮油池两侧各1m；油量在2500kg及以上的变压器与油量在600kg及以上且2500kg以下的充油电气设备之间，其防火距离不应小于5m。

12. 变电站涉及的高危作业主要包括哪些？

变电站涉及的高危作业主要包括：(1) 动火作业；(2) 高处作业；(3) 挖掘作业；(4) 移动式起重机吊装作业；(5) 管线打开；(6) 临时用电；(7) 进入受限空间。

13. 为了确保安全工器具的正常、正确和安全使用，应做好哪几方面工作？

(1) 按时试验，及时报废不合格的安全工器具。

(2) 妥善保管，及时报废破损的安全工器具。(3) 编号对应，不错拿错用。(4) 科学管理，不使安全工器具受潮、变形。(5) 精心操用，正确使用。

14. 触电急救有哪些原则？

进行触电急救，应坚持迅速、就地、准确、坚持的原则。

15. 触电急救要点有哪些？

触电急救的要点：(1) 迅速切断电源。(2) 若无法立即切断电源时，用绝缘物品使触电者脱离电源。(3) 保持呼吸道畅通。(4) 立即拨打"120"急救电话，请求救治。(5) 如呼吸、心跳停止，应立即进行心肺复苏。(6) 妥善处理局部电烧伤的伤口。

16. 高处坠落的原因有哪些？

高处坠落的原因有：(1) 扶梯腐蚀、损坏。(2) 同时上梯人数超过规定。(3) 冰雪天气操作时未做好防滑措施。(4) 在设备上操作时未佩戴安全带或安全带悬挂位置不合适。

17. 高处坠落的消减措施有哪些？

高处坠落的消减措施有：(1) 做好登高用梯防腐工作并定期检查。(2) 禁止踏在梯子顶端作业。同一架梯子只允许一个人在上面作业，不准带人移动梯子(3) 冰雪天气登高操作前做好防滑措施，可采用砂子防滑。(4) 在高处设备上操作时，应按规定佩戴安全带并选择合适位置。

18. 高处作业分级是如何划分的？

高处作业分为四级（作业基准面高度用 h_w 表示）。(1) 一级高处作业：$2m \leqslant h_w < 5m$。(2) 二级高处作业：作 $5m \leqslant h_w < 15m$。(3) 三级高处作业：$15m \leqslant h_w < 30m$。

（4）特级高处作业：$h_W \geqslant 30m$。

19. 移动式吊装作业分级是如何划分的？

（1）一级吊装作业：吊装重物的质量大于或等于40t。（2）二级吊装作业：吊装重物的质量大于或等于5t且小于40t。（3）三级吊装作业：吊装重物的质量小于5t。

20. 临时用电作业分级是如何划分的？

（1）一级临时用电作业：临时用电设备总容量大于或等于300kW。（2）二级临时用电作业：临时用电设备在5台（含5台）以上或用电设备总容量大于50kW（含50kW）且小于300kW。（3）三级临时用电作业：临时用电设备在5台以下或用电设备总容量小于50kW。

第三部分 基本技能

 操作技能

1. 填写值班记录。

准备工作:
(1) 正确穿戴劳动保护用品。
(2) 工用具、材料准备:值班记录簿、钢笔或碳素笔。

操作程序:
(1) 填写基本内容。
① 交接班完毕后接班人员在值班记录内签字。
② 填写当值日期:××××年××月××日,星期×。
③ 填写当值天气情况:晴、阴、多云、雨、风、雪等。
④ 填写设备运行方式,设备动态。
(2) 填写主要内容。
① 及时填写设备巡视情况,包括特殊情况增加巡视。
② 填写设备操作情况和受理工作票情况等。
③ 填写运行中的异常现象、设备缺陷及事故的汇报和处理过程。
④ 填写调度和上级有关运行的指令或通知。
⑤ 填写工具、仪表、护具使用情况和卫生、通信、照

明情况。

⑥ 填写和运行有关的其他事宜。

注意事项：

（1）按时间的先后顺序填写，应使用24h制时间格式。

（2）字迹工整，字体仿宋，不能涂改。

（3）填写内容正确无误。

（4）使用标准术语填写。

2. 填写开关故障跳闸记录簿。

准备工作：

（1）正确穿戴劳动保护用品。

（2）工用具、材料准备：开关故障跳闸记录簿、钢笔或碳素笔。

操作程序：

（1）填写基本内容：开关名称及编号（包括电压等级）。

（2）填写主要内容。

① 在每页的第一行填写上次解体日期，在"累计跳闸次数"栏填写实际累计次数，"记录人"与"领导检查签字"栏由相关人员签名。

② 在"故障跳闸日期"栏内填写开关跳闸日期及时间。

③ 在"故障跳闸次数"栏内填写跳闸次数（重合闸动作成功统计为一次，重合闸动作未成功统计为两次）。

④ 在"累计跳闸次数"栏内填写累计次数。

⑤ 在"保护重合闸动作情况及跳闸原因"一栏内填写保护重合闸动作情况及跳闸原因。

⑥ "记录人"与"领导检查签字"栏由相关人员签名。

注意事项：

（1）开关故障跳闸记录保存期限为长期，无须换本。

(2) 按时间的先后顺序填写，应使用24h制时间格式。

(3) 字迹工整，字体仿宋。

(4) 填写内容正确无误，使用标准术语。

(5) 与相关的记录相互衔接。

3. 填写设备缺陷记录簿。

准备工作：

(1) 正确穿戴劳动保护用品。

(2) 工用具、材料准备：设备缺陷记录簿、钢笔或碳素笔。

操作程序：

(1) 填写基本内容。

① 在"时间"栏内填写缺陷发生的日期。

② 在"发现人"栏内填写发现人姓名。

(2) 填写主要内容。

① 填写缺陷发生的时间。

② 填写缺陷的具体部位。

③ "领导意见"一栏由相关人员共同鉴定，填写缺陷种类（紧急、重大、一般）并签名。

④ 缺陷处理完毕验收合格后，由消除人在"消除日期"栏内填写消除日期，并在"消除人"栏签名；验收人在"验收人"栏内签名。

注意事项：

(1) 连续性填写，不设专页。

(2) 未处理彻底而遗留的缺陷要重新填写。

(3) 检修、运行人员双方签字。

(4) 按时间的先后顺序填写。

(5) 字迹工整，字体仿宋。

（6）填写内容正确无误，使用标准术语。

（7）与相关的记录相互衔接。

4. 事故跳闸（配合检修）时填写相关记录。

准备工作：

（1）正确穿戴劳动保护用品。

（2）工用具、材料准备：值班记录簿、开关故障跳闸记录簿、设备缺陷记录簿、设备检修试验记录簿、继电保护及自动装置工作记录簿各一本、钢笔或碳素笔。

操作程序：

（1）在值班记录中详细准确地填写事故现象、发现的缺陷以及事故处理过程（包括记录事故抢修许可时间、结束时间及操作情况）等。

（2）正确填写开关故障跳闸记录。

（3）正确填写继电保护及自动装置工作记录。

（4）正确填写设备缺陷记录。

（5）正确填写设备检修试验记录。

注意事项：

（1）事故跳闸时各种记录填写中，值班记录对其他专项记录起提纲挈领作用，应与其他记录相互衔接。

（2）其他记录之间也应相互衔接。

（3）按时间的先后顺序填写。

（4）字迹工整，字体仿宋，不能涂改。

（5）填写内容正确无误，使用标准术语。

5. 办理变电所第一种工作票许可手续。

准备工作：

（1）正确穿戴劳动保护用品。

（2）工用具、材料准备：第一种工作票、工作前安全分析表、钢笔或碳素笔、复写纸、红蓝笔、直尺、安全帽。

操作程序：

（1）收到工作票时，值班负责人填写收到工作票时间并签名。

（2）值班负责人审查工作票内容和工作前安全分析表内容相对应。

① 工作票票号正确无误。

② "工作负责人"栏、"班组"栏、"工作班人员"栏所列人员与现场工作人员一致，人数统计正确。

③ 工作内容和工作地点符合现场实际。

④ 计划工作时间填写正确。

⑤ "应拉开关和刀闸"栏、"应装设接地线"栏、"应装设遮栏，应挂标示牌"栏、"工作地点保留带电部分和补充安全措施"栏所填写内容正确无误，与现场实际相符。

⑥ "高风险作业"栏、"计划工作时间"栏、"安全措施"栏、"个人防护及应急措施"栏、"批准人"栏填写内容正确无误，与现场实际相符。

⑦ 票面要有检修单位公章，工作票签发人签名并盖章。

（3）汇报调度。

（4）工作许可人必须确定检修设备已经停电，并且安全措施符合要求方可办理工作许可手续。如果该设备仍为运行设备，必须先要执行停电操作，做好安全措施后才允许办理工作许可手续。

（5）工作许可人确认现场安全措施满足工作票要求后，在对应栏目最后一行填写内容之后划直线至已执行栏，工作许可人在直线上方签名。

（6）对于"工作地点保留带电部分和补充安全措施"

一栏，工作票签发人所填写内容不够完善时，工作许可人可加以补充，并将"工作地点保留带电部分内容"用红线圈起来（只框填写内容）。

（7）工作许可人在模拟图上向工作负责人交代设备动态及安全措施。

（8）工作许可人会同工作负责人到现场，再次检查所做的安全措施，对具体的设备指明实际的隔离措施、带电设备的位置和注意事项，证明检修设备确无电压。

（9）工作负责人、工作许可人双方确认无误后分别签字。

（10）汇报调度，工作许可人填写许可开工时间后，工作班方可交代现场措施并进行确认签名后开始工作。

注意事项：

（1）根据工作任务审核工作票时，发现错误或安全措施与现场实际条件不符，应向工作票签发人询问清楚，必要时要求更换新的工作票。

（2）字迹清楚，字体仿宋。

（3）涂改不允许超过三处。

（4）对于某些重要工作，变电所应增派专责监护人，填写在"备注"栏。

6. 办理变电所第二种工作票许可手续。

准备工作：

（1）正确穿戴劳动保护用品。

（2）工用具、材料准备：第二种工作票、工作前安全分析表、钢笔或碳素笔、复写纸、安全帽。

操作程序：

（1）收到工作票时，值班负责人审查工作票内容和工作前安全分析表内容相对应。

① 工作票票号正确无误。

② "工作负责人"栏、"班组"栏、"工作班人员"栏所列人员与现场工作人员一致，人数统计正确。

③ 工作地点和工作任务符合现场实际。

④ 计划工作时间填写正确。

⑤ "工作条件"栏所填写内容正确无误，与现场实际相符，并符合工作要求。

⑥ "高风险作业"栏、"计划工作时间"栏、"安全措施"栏、"个人防护及应急措施"栏、"批准人"栏填写内容正确无误，与现场实际相符。

⑦ "注意事项及安全措施"栏所填写内容正确无误，与现场实际相符。若工作票签发人所填写内容不够完善，工作许可人可加以补充。

⑧ 票面要有检修单位公章，工作票签发人签名并盖章。

（2）汇报调度。

（3）工作许可人必须确定工作现场设备状态符合工作条件。如果不符合工作条件，必须先采取措施，符合工作要求后才允许办理工作许可手续。

（4）工作许可人会同工作负责人到工作现场，确认设备状态符合工作条件，向工作负责人交代注意事项。

（5）工作负责人、工作许可人双方确认无误后分别签字。

（6）汇报调度，工作许可人填写许可开工时间后，工作班方可交代现场措施并进行确认签名后开始工作。

注意事项：

（1）根据工作任务审核工作票时，发现错误或安全措施与现场实际条件不符，应向工作票签发人询问清楚，必要时要求更换新的工作票。

(2) 字迹清楚，字体仿宋。

(3) 涂改不允许超过三处。

(4) 对于某些重要工作，变电所应增派专责监护人，填写在"备注"栏。

7. 办理分界（临时）工作任务单许可手续。

准备工作：

(1) 正确穿戴劳动保护用品。

(2) 工用具、材料准备：分界（临时）工作任务单、钢笔或碳素笔、安全帽。

操作程序：

(1) 收到分界（临时）工作任务单时，设备管理单位负责人审查分界（临时）工作任务单内容。

① 分界（临时）工作任务单票号正确无误。

② "工作负责人"栏、"班组"栏、"工作班人员"栏所列人员与现场工作人员一致，人数统计正确。

③ 工作地点和工作任务符合现场实际。

④ 计划工作时间填写正确。

⑤ "安全措施"栏所填写内容正确无误，与现场实际相符，并符合工作要求。

⑥ "高风险作业"栏、"计划工作时间"栏、"安全措施"栏、"个人防护及应急措施"栏、"批准人"栏填写内容正确无误，与现场实际相符。

⑦ 票面要有工作负责人、设备管理单位负责人签名。

(2) 设备管理单位负责人必须确定工作现场设备状态符合工作条件。如果不符合工作条件，必须先采取措施，符合工作要求后才允许办理工作许可手续。

（3）设备管理单位负责人会同工作负责人到工作现场，确认设备状态符合工作条件，向工作负责人交代注意事项。

（4）工作负责人、设备管理单位负责人双方确认无误后分别签字。

（5）设备管理单位负责人填写许可开工时间后，工作班方可交代现场措施并进行确认签名后开始工作。

注意事项：

（1）根据工作任务审核分界（临时）工作任务单时，发现错误或安全措施与现场实际条件不符，应向工作负责人询问清楚，必要时要求更换新的分界（临时）工作任务单。

（2）字迹清楚，字体仿宋。

（3）涂改不允许超过三处。

（4）对于某些重要工作，变电所应增派专责监护人，填写在"备注"栏。

8. 巡视检查变压器。

准备工作：

（1）正确穿戴劳动保护用品。

（2）工用具、材料准备：记录本、钢笔或碳素笔。

操作程序：

（1）巡视检查变压器本体及附属设备。

① 检查变压器的声音是否正常：变压器正常运行时，一般有均匀的"嗡嗡"声。

② 检查变压器有无渗漏油，油枕油位、油色是否正常（油色应是透明微带黄色）；变压器油温是否正常（上层油温不宜经常超过85℃）。

③ 检查硅胶颜色是否加深，是否达到饱和状态（硅胶

在干燥的情况下呈浅蓝色或白色,吸湿达到饱和状态时呈淡红色。

④ 检查冷却装置的运行情况是否正常(风冷变压器一般在油温超过55℃应将风扇开启)。

⑤ 检查压力释放阀、安全气道或防爆膜是否完好,瓦斯继电器内有无气体。

⑥ 检查瓷套管有无破损裂纹、有无严重油污、有无放电痕迹。

⑦ 检查一、二次引线弛度是否过松或过紧、接头接触是否良好、有无过热现象。

⑧ 检查铁芯、外壳接地是否良好。

⑨ 检查风冷控制箱门是否平整,开启是否灵活,关闭是否紧密,内部接线有无松动、过热。

⑩ 检查变压器固定是否牢固,各部螺栓是否紧固;检查设备标志、安全警示牌是否齐全完好。

(2) 填写相关记录。

操作安全提示:

(1) 按照巡视项目及巡视路线巡视。

(2) 巡视时要注意保持与带电设备足够的安全距离。

(3) 巡视时至少两人进行。

(4) 发现设备缺陷及时汇报处理。

9. 巡视检查SF_6开关。

准备工作:

(1) 正确穿戴劳动保护用品。

(2) 工用具、材料准备:记录本、钢笔或碳素笔。

操作程序:

(1) 巡视检查SF_6开关本体及附属设备。

① 检查并记录 SF_6 气体压力是否正常。

② 检查引线及接点是否松动、过热。

③ 检查瓷绝缘有无裂痕及放电现象。

④ 检查机构箱门是否平整，开启是否灵活，关闭是否紧密。

⑤ 检查机构箱内接线是否松动、过热。

⑥ 检查开关开、合位置指示是否正确（要与当时运行情况相符）；开关在分闸状态时，检查合闸弹簧是否储能；开关在运行状态时，检查储能电动机的电源闸刀或熔断器是否在闭合位置。

⑦ 检查开、合闸线圈有无冒烟异味。

⑧ 检查开关附近有无杂物，机构箱保温设施是否良好。

⑨ 检查设备标志是否齐全完好。

（2）填写相关记录。

操作安全提示：

（1）按照巡视项目及巡视路线巡视。

（2）巡视时要注意保持与带电设备足够的安全距离。

（3）巡视时至少两人进行。

（4）发现设备缺陷及时汇报处理。

10. 巡视检查真空开关。

准备工作：

（1）正确穿戴劳动保护用品。

（2）工用具、材料准备：记录本、钢笔或碳素笔。

操作程序：

（1）巡视检查真空开关本体及附属设备。

① 检查真空灭弧室有无异常，外观是否良好，真空泡内颜色是否正常。

② 检查瓷瓶、套管是否清洁、有无裂纹或放电现象。

③ 检查开关开、合位置指示是否正确，是否与当时实际运行工况相符。

④ 检查红绿信号灯指示是否正确。

⑤ 检查引线接触部位有无过热。

⑥ 检查开、合闸线圈及合闸接触器线圈有无冒烟异味。

⑦ 检查合闸接触器箱门是否平整，开启是否灵活，关闭是否紧密。

⑧ 检查二次接线有无松动、过热。

⑨ 检查设备标志是否齐全完好。

（2）填写相关记录。

操作安全提示：

（1）按照巡视项目及巡视路线巡视。

（2）巡视时要注意保持与带电设备足够的安全距离。

（3）巡视时至少两人进行。

（4）发现设备缺陷及时汇报处理。

11. 巡视检查充油电压互感器。

准备工作：

（1）正确穿戴劳动保护用品。

（2）工用具、材料准备：记录本、钢笔或碳素笔。

操作程序：

（1）巡视检查电压互感器本体及附属设备。

① 检查油色、油位是否正常。

② 检查有无渗漏油。

③ 检查电压互感器内部有无异响。

④ 检查引线接点有无过热，是否牢固。

⑤ 检查瓷质部分有无破损及放电闪络痕迹。

⑥检查高、低压侧熔断器是否完好。

⑦检查外壳接地及接地装置是否完好。

⑧检查端子箱门是否平整,开启是否灵活,关闭是否紧密。

⑨检查二次接线是否松动、过热。

⑩检查设备标志、安全警示牌是否齐全完好。

(2) 填写相关记录。

操作安全提示:

(1) 按照巡视项目及巡视路线巡视。

(2) 巡视时要注意保持与带电设备足够的安全距离。

(3) 巡视时至少两人进行。

(4) 发现设备缺陷及时汇报处理。

12. 巡视检查刀闸。

准备工作:

(1) 正确穿戴劳动保护用品。

(2) 工用具、材料准备:记录本、钢笔或碳素笔。

操作程序:

(1) 巡视检查刀闸本体及附属设备。

①检查触头、接点接触是否良好。

②检查刀闸有无变形、锈蚀。

③检查瓷质及铸铁表面是否清洁,有无裂纹及破损。

④检查开、合闸位置是否正确。

⑤检查操作机构有无开焊、变形、松动,销子、螺母等是否完好。

⑥检查防误闭锁装置是否牢固、完好。

⑦检查设备标志、安全警示牌是否齐全完好。

⑧检查辅助接点箱密封是否良好,内部接线是否正确,

接触是否良好。

(2) 填写相关记录。

操作安全提示：

(1) 按照巡视项目及巡视路线巡视。

(2) 巡视时要注意保持与带电设备足够的安全距离。

(3) 巡视时至少两人进行。

(4) 发现设备缺陷及时汇报处理。

13. 巡视检查电容器。

准备工作：

(1) 正确穿戴劳动保护用品。

(2) 工用具、材料准备：记录本、钢笔或碳素笔。

操作程序：

(1) 巡视检查电容器本体及附属设备。

① 检查电容器外壳有无渗、漏油现象。

② 检查套管有无渗、漏油现象，有无裂纹及放电痕迹。

③ 检查电容器有无膨胀变形，熔断器是否熔断。

④ 检查电容器内部是否有异响，灯光指示是否正确。

⑤ 检查电容器长期运行电压是否超过 1.1 倍额定电压，电流是否超过 1.3 倍额定电流（制造厂规定除外），三相电流偏差是否超过 ±5%。

⑥ 检查引线接头部位有无松动、发热、变色现象。

⑦ 检查电抗器固定是否牢固，水泥柱有无断裂，支持瓷瓶有无裂纹，接点接触是否良好。

⑧ 检查放电电压互感器是否完好，接地是否良好。

⑨ 检查母排固定瓷瓶是否完好。

⑩ 检查设备标志、安全警示牌是否齐全完好。

(2) 填写相关记录。

操作安全提示：

（1）按照巡视项目及巡视路线巡视。

（2）巡视时要注意保持与带电设备足够的安全距离。

（3）巡视时至少两人进行。

（4）发现设备缺陷及时汇报处理。

14. 巡视检查综合自动化系统。

准备工作：

（1）正确穿戴劳动保护用品。

（2）工用具、材料准备：记录本、钢笔或碳素笔。

操作程序：

（1）巡视检查前台机。

① 检查设备电源开关、功能开关、把手位置是否正确，标志是否齐全完好。

② 检查设备信息指示灯运行是否正常。

③ 检查各单元参数是否正确无误，与现场运行工况是否一致。

④ 检查保护装置与监控系统通信是否正常。

⑤ 检查有无告警信息。

（2）巡视检查后台机。

① 检查后台机之间是否能够正确切换。

② 检查各设备单元通信是否正常。

③ 检查所显示的设备状态是否与现场设备运行状态一致。

④ 检查监控系统功能（控制、数据采集处理、报警、数据存储等）是否正常。

⑤ 检查保护信息系统数值是否正确，是否符合现场要求。

⑥ 检查有无告警信息。

(3) 巡视检查附属设备。

① 检查打印机运行是否正常。

② 检查 UPS 电源运行是否正常。

③ 检查音响装置是否良好。

(4) 填写相关记录。

操作安全提示:

(1) 按照巡视项目及巡视路线巡视。

(2) 巡视时要注意保持与带电设备足够的安全距离。

(3) 巡视时至少两人进行。

(4) 发现设备缺陷及时汇报处理。

15. 巡视检查保护盘、低压交流屏、直流屏。

准备工作:

(1) 正确穿戴劳动保护用品。

(2) 工用具、材料准备：记录本、钢笔或碳素笔。

操作程序:

(1) 巡视检查保护盘。

① 检查各端子接触是否良好。

② 检查各部接线是否正确牢固，有无接地、短路的可能。

③ 检查各继电器内部有无异响，接点位置是否正确。

④ 检查各线路重合闸监视指示灯指示是否正确。

⑤ 检查正常励磁的继电器是否励磁。

⑥ 检查各压板位置是否正确，投入的压板接触是否良好。

⑦ 检查各压板与系统运行工况是否相符。

⑧ 检查各单元标志是否齐全完好。

(2)巡视检查低压交流屏。

①检查各端子接触是否良好。

②检查各部接线是否正确牢固,有无接地、短路的可能。

③检查各回路熔断器有无松动、熔断。

④检查交流电源电压是否正常,能否正确切换。

⑤检查交流电源电流是否正常,电能表运行是否正常。

⑥检查所用变运行方式是否正确。

⑦检查灯光指示是否正确。

⑧检查各单元标志是否齐全完好。

⑨检查各支路开关位置是否正确。

⑩检查照明交流电源切换回路能否正确切换。

(3)巡视检查直流屏。

①检查各端子接触是否良好。

②检查各部接线是否正确牢固,有无接地、短路的可能。

③检查各回路熔断器有无松动、熔断。

④检查充电装置运行是否正常。

⑤检查蓄电池外观有无异常,电压及浮充电流是否符合规定。

⑥检查直流系统母线电压是否正常。

⑦检查闪光回路是否正常。

⑧检查各支路运行监视信号是否完好,指示是否正确,自动空气开关位置是否正确。

⑨检查直流系统绝缘状况是否良好。

⑩检查各单元标志是否齐全完好。

(4)填写相关记录。

操作安全提示:

(1) 按照巡视路线,逐点逐项巡视。

(2) 巡视时要注意保持与带电设备足够的安全距离。

(3) 巡视时至少两人进行。

(4) 发现设备缺陷及时汇报处理。

16. 巡视检查控制屏、中央信号屏。

准备工作:

(1) 正确穿戴劳动保护用品。

(2) 工用具、材料准备:记录本、钢笔或碳素笔。

操作程序:

(1) 巡视检查控制屏。

① 检查各端子接触是否良好。

② 检查各部接线是否正确牢固,有无接地、短路的可能。

③ 检查各回路熔断器有无松动、熔断。

④ 检查盘面仪表指示是否正确,有无超过红线值。

⑤ 检查所有控制开关指示灯指示是否正确。

(2) 巡视检查中央信号屏。

① 检查各端子接触是否良好。

② 检查各部接线是否正确牢固,有无接地、短路的可能。

③ 检查各回路熔断器有无松动、熔断。

④ 试验所有光字信号是否正确。

⑤ 试验音响回路是否正常。

⑥ 检查灯光信号指示是否正确。

⑦ 检查中央信号屏表计指示是否正确。

(3) 填写相关记录。

操作安全提示：

（1）按照巡视路线，逐点逐项巡视。

（2）巡视时要注意保持与带电设备足够的安全距离。

（3）巡视时至少两人进行。

（4）发现设备缺陷及时汇报处理。

17. 验收变压器。

准备工作：

（1）正确穿戴劳动保护用品。

（2）工用具、材料准备：平口螺丝刀、活动扳手、万用表、记录本、钢笔或碳素笔、线手套、安全帽。

操作程序：

（1）验收变压器本体。

① 变压器油漆完整，各部位清洁干净，无任何遗留杂物，标志、安全警示牌齐全正确。

② 引线端子固定无松动，试温贴片粘贴齐全牢固。

③ 变压器箱体固定牢固可靠。

④ 铁芯外引接地良好，外壳接地可靠，接地引下线及其与主接地网的连接满足设计要求。

⑤ 油枕及充油套管的油位、油色正常，套管无破损裂纹；压力释放阀（防爆管）完好。

⑥ 油枕、冷却装置、净油器等油系统上的蝶阀打开，指示正确。

⑦ 瓦斯继电器外观无异常，内部无气体，无渗漏油现象，防雨罩固定良好，连接阀打开；呼吸器内硅胶颜色正常，玻璃容器无破裂，油封内充适量的变压器油。

⑧ 变压器本体及远方测温装置正常，整定值符合要求。

⑨ 变压器冷却系统试运行正常，冷却风扇旋转方向正

确，无异响，各类信号齐全正确。

⑩ 无载调压分接开关位置正确，三相在同一位置；有载调压装置完好，远方、就地调压功能良好，分接开关位置正确。

(2) 验收变压器二次回路。

① 变压器保护装置完好，保护整定值符合规定，操作及传动试验正确，全部电气设备试验合格。

② 二次接线正确牢固；端子箱内清洁，箱门严密，开关灵活。

③ 信号回路完好，仪表指示正确。

(3) 相关资料交接。

(4) 填写相关记录。

操作安全提示：

(1) 按照验收标准，逐点逐项验收。

(2) 验收时，应注意安全，保持与带电设备足够的安全距离，防止摔伤、划伤。

(3) 发现设备缺陷及时汇报处理。

18. 验收真空开关。

准备工作：

(1) 正确穿戴劳动保护用品。

(2) 工用具、材料准备：平口螺丝刀、活动扳手、万用表、记录本、钢笔或碳素笔、线手套、安全帽。

操作程序：

(1) 验收开关本体及附属设备。

① 开关支持瓷瓶固定可靠，外表清洁无破损。

② 开关柜内清洁，金属部分无锈蚀。

③ 引线连接可靠且接触良好，试温贴片粘贴齐全牢固。

④ 标志齐全正确,接地良好。

⑤ 真空泡外观良好无裂纹,真空度符合规定。

⑥ 开关与其操作机构的联动正常,无卡阻;各部位销子齐全完好;辅助开关动作准确可靠,接点无电弧烧损。

⑦ 开、合闸指示器字迹清楚,指示正确;紧急分闸装置灵活,动作正确。

⑧ 开、合闸弹簧无断裂。

(2) 验收开关二次回路。

① 二次接线正确牢固,端子箱、机构箱内清洁,箱门严密,开关灵活。

② 熔断器接触良好,电动开、合闸试验良好,灯光指示正确。

③ 保护装置完好,保护整定值符合规定,全部电气设备试验合格。

④ 操作把手位置与开关实际位置对应。

(3) 相关资料交接。

(4) 填写相关记录。

操作安全提示:

(1) 按照验收标准,逐点逐项验收。

(2) 验收时,应注意安全,保持与带电设备足够的安全距离,防止摔伤、划伤。

(3) 发现设备缺陷及时汇报处理。

19. 变电所倒闸操作。

准备工作:

(1) 正确穿戴劳动保护用品。

(2) 工用具、材料准备:绝缘手套、绝缘靴、安全帽、线手套、标示牌、空白操作票、空白操作综合令、红蓝笔、录音电话、直尺、印章、钢笔或碳素笔、微机五防锁电脑钥匙（或该回路机械五防锁钥匙）、夜间照明灯。

操作程序：

（1）调度发布预令。

（2）受令人在操作综合令中记录操作任务、预令时间、调度姓名。

（3）操作人依据调度的操作意图填写倒闸操作票。

（4）监护人审核倒闸操作票，确认正确无误后操作人和监护人双方分别签字，并在最后一项填写内容下一行起，左上右下打一条斜直线（封线）。

（5）调度发布操作命令，受令人记录令号、发令时间、发令人姓名，并印"油田网调"或"配网调度"章。

（6）模拟预演：操作人、监护人在模拟图上预演；用蓝色笔逐项打"√"。

（7）准备工作：由操作人准备好必要且合格的操作工具、安全护具、验电器、接地线、遮栏、绝缘隔板及标示牌，记录开始操作时间。

（8）操作人按操作项目，顺序地走到应操作的设备前立正，等候监护人唱票。

（9）核对设备：操作人、监护人严格执行"四对照"原则检查设备状态是否完全符合操作项目。

（10）监护人高声、清晰唱读应操作一个项目的全部内容。

（11）操作人手指被操作的设备，高声复诵一遍操作项的内容。

（12）监护人认为一切无误后，发布"对，执行！"的命令。

(13)操作人只有听到"对,执行!"的命令后,方可执行操作(包括打开程序锁)。

(14)每一项操作结束后,操作人和监护人一同检查被操作设备的状态,应与操作项目的要求相符,并处于良好状态,部分操作项目还应该检查表计或信号指示等。

(15)每一个操作项目执行完毕后,操作人向监护人汇报"执行完毕"。监护人确认无误后用红笔将该项目打"√"然后再进行下一项目的操作,依此类推。严禁所有项目操作结束后一起打"√"或操作前打"√"。

(16)独立检查项的执行,应是监护人唱读检查内容,操作人重复监护人唱读内容,并与监护人共同检查,无误后,操作人高声回答"对"。

(17)开、合开关的时间应记在该项右侧。

(18)一张倒闸操作票执行完毕后,监护人应记录操作结束时间。

(19)汇报调度,并印"已执行"章。

操作安全提示:

(1)倒闸操作票应根据调度的命令填写。倒闸操作票的填写以调度下令时的运行方式为准。

(2)操作命令应由有受令权人员受令,由操作人依据操作顺序逐项填写操作票,不准并项、漏项或颠倒顺序。

(3)模拟预演时要严格按照票面填写顺序逐项唱票,逐项操作。

(4)操作时应持写好的倒闸操作票操作,严禁离开倒闸操作票凭记忆操作。操作时必须按倒闸操作票填写顺序逐项严格执行，不得跳项、漏项、添项、并项，不得擅自更改操作顺序及项目。

（5）在操作过程中，监护人要自始至终认真监护。操作人和监护人的关系是被领导和领导的关系，操作人必须听从监护人的指挥，没有监护人的命令，操作人不得擅自操作和做其他工作。如监护人有错误，操作人有权拒绝操作，并说明理由；如果意见不统一，应立即向调度和所领导汇报，弄清问题后再继续操作。操作中必须由高级别人员监护低级别人员，严禁低级监护高级。

（6）操作中产生疑问时，应立即停止操作，但不准擅自更改操作票，应立即向调度汇报，直至确认无误后，方可继续操作。

（7）在倒闸操作中严禁穿插口头令的操作。

（8）在正常倒闸操作中，发生事故或异常时，应暂停操作，汇报调度，先处理事故或异常，后与调度联系是否继续操作，停顿时间应在备注栏内注明。

（9）操作过程中如有调度电话，应先接听电话，再进行操作。

（10）与调度的联系应严格执行录音制度。

（11）时间一律用 24h 两位数制填写，如"××时××分"。

（12）工、护具使用前必须检查完好性，以防因护具不合格而造成人身或设备事故。

20. 模拟预演。

准备工作：

（1）正确穿戴劳动保护用品。

（2）工用具、材料准备：操作票、红蓝笔。

操作程序：

（1）操作人、监护人来到模拟图前，站正位置。

（2）对于模拟图上有的动项操作：监护人高声唱票，操作人手指被操作设备高声复诵，监护人确认无误后发出"对，执行"的允许操作命令后，操作人执行操作，操作完毕后，回答"执行完毕"，监护人确认无误后在操作票本项操作项目上打蓝色"√"。

（3）对于模拟图上没有的动项操作：监护人高声唱票，操作人手指被操作设备或被操作部位高声复诵，监护人确认无误后在操作票本项操作项目上打蓝色"√"。

（4）对于检查项：监护人高声唱票，操作人手指被检查设备高声复诵，并回答"在开位"或"在合位"，监护人确认无误后在操作票本项操作项目上打蓝色"√"。

操作安全提示：

（1）必须按照操作票填写顺序逐项进行模拟预演。

（2）开始模拟预演前，应先核对模拟图上设备状态与实际相符。

（3）模拟预演唱票复诵声音要洪亮，吐字要清晰。

（4）对于模拟操作的动项，操作完毕后监护人和操作人必须注意检查设备的操作效果。

21．用操作把手操作开关。

准备工作：

（1）正确穿戴劳动保护用品。

（2）工用具、材料准备：操作票、微机五防锁电脑钥匙（或该回路机械五防锁钥匙）、红蓝笔、钢笔或碳素笔。

操作程序：

（1）操作人、监护人来到控制屏前，站立在要操作的开关操作把手前。

（2）监护人高声唱票，操作人手指要操作的开关操作把手高声复诵。

（3）监护人确认无误后，发出"对，执行"的允许操作命令。

（4）操作人打开五防程序锁，正确转动操作开关把手，并注意观察红绿灯和表计指示。

（5）双方核对灯光信号和表计指示正确。

（6）操作人回答"执行完毕"。

（7）监护人在操作票本项操作项目上打红色"√"。

（8）监护人记录操作时间。

（9）本项操作完成。

操作安全提示：

（1）注意负荷的检查：拉开关前先检查负荷。对于单电源线路负荷应为零，若仍有负荷，应向调度汇报，请示是否继续操作；双回线或并列运行的变压器（包括所用变）操作前后应对比检查负荷情况（停电前接近平衡，停电后全部转到运行设备上）。合开关后也要注意检查是否带上负荷。

（2）操作人必须站正位置（正对着开关 KK 把手站立）。

（3）操作 KK 把手时不要用力过猛，以免损坏 KK 把手；操作 KK 把手时不要返回太快，以免开关合不上或拉不开。

（4）电磁机构的开关合闸时注意观察直流电流表情况。

（5）合开关后，若发现开关未动作或不到位，应立即拉开操作直流熔断器，防止烧毁合闸线圈。

（6）开关操作后，应检查与其有关的信号，如红绿灯、测量仪表（对装有三相电流表的设备，应检查三相表计）的指示，并到现场检查开关的开、合闸指示器，以判断操作结果的正确性,至少应有两个及以上独立指示(注意区分同源信号)已同时发生对应变化时,才能确认该设备已操作到位,避免由于开关假分、假合造成误操作事故。

(7)开关合、跳闸时,其他人员应尽量远离现场,避免因开关损坏而发生意外。

22. 在后台遥控操作开关。

准备工作:

(1)正确穿戴劳动保护用品。

(2)工用具、材料准备:操作票、红蓝笔、钢笔或碳素笔。

操作程序:

(1)操作人、监护人来到监控机前,监护人提示开始操作,并高声提示操作项目,操作人进入需操作开关的界面。

(2)操作人将鼠标置于操作开关图标上,唱读设备名称编号。

(3)监护人核对设备无误后,发出"对"的确认信息。

(4)操作人点击开关图标打开操作页面,双方输入用户名、密码,操作人输入操作开关编号。

(5)双方核对开关名称、编号、状态、操作提示等正确无误。

(6)监护人高声唱票,操作人高声复诵。

(7)监护人确认无误后,发出"对,执行"的允许操作命令。

(8)操作人点击鼠标进行正式操作。

(9)双方核对监控机上操作后的提示信息、开关变位信息等无误,测控屏上有关开关变位的信息无误。

（10）操作人回答"执行完毕"。

（11）监护人在操作票本项操作项目上打红色"√"。

（12）记录操作时间。

（13）本项操作完成。

操作安全提示：

（1）注意负荷的检查：拉开关前先检查负荷。对于单电源线路负荷应为零，若仍有负荷，应向调度汇报，请示是否继续操作；双回线或并列运行的变压器（包括所用变）操作前后应对比检查负荷情况（停电前接近平衡，停电后全部转到运行设备上）。合开关后也要注意检查是否带上负荷。

（2）后台机操作开关时必须进入本回路分画面后再开始操作。

（3）合开关后，若发现开关未动作或不到位，应立即拉开操作直流电源开关，防止烧毁合闸线圈。

（4）开关操作后，应检查与其有关的信号，如画面中的开关变位指示、仪表（对装有三相电流表的设备，应检查三相表计）的指示、测控屏上的灯光指示，并到现场检查开关的开、合闸指示器，以判断操作结果的正确性，至少应有两个及以上独立指示（注意区分同源信号）已同时发生对应变化时，才能确认该设备已操作到位，避免由于开关假开、假合造成误操作事故。

（5）开关合、跳闸时，其他人员应尽量远离现场，避免因开关损坏而发生意外。

23. 操作刀闸。

准备工作：

（1）正确穿戴劳动保护用品。

（2）工用具、材料准备：绝缘手套、绝缘靴、安全帽、操作票、微机五防锁电脑钥匙（或该回路机械五防锁钥匙）、红蓝笔。

操作程序：

（1）操作人、监护人来到需要操作的刀闸操作把手前，站正位置。

（2）监护人高声唱票，操作人手指刀闸操作把手上方的设备标志牌高声复诵。

（3）监护人确认无误后，发出"对，执行"的允许操作命令。

（4）操作人打开刀闸五防程序锁，戴好绝缘手套，打开刀闸机械闭锁，手执刀闸操作把手，确认刀闸操作方向，进行实际操作，此时监护人抬头监视刀闸开、合情况。

（5）操作完毕，锁上刀闸机械闭锁，双方一起再次对操作效果进行检查，确保刀闸三相同期到位，无问题后锁上五防程序锁。

（6）操作人回答"执行完毕"。

（7）监护人在操作票本项操作项目上打红色"√"。

（8）本项操作完成。

操作安全提示：

（1）操作人要站正位置（以免操作过程中操作把手打到身体）。

（2）操作前，要认真地从外观检查高压刀闸的支持瓷瓶有无裂纹、断裂的现象。

（3）操作前应检查该回路开关确在开位。

（4）操作刀闸后应检查实际开、合位置（合闸后检查三相同期且接触良好；分闸后检查断口张开角度或闸刀拉开距离应符合要求）。

(5) 在合刀闸过程中，当合到底时，若发现有弧光或误合，也不准将刀闸再拉开，以免造成带负荷拉刀闸，扩大事故。

(6) 在拉刀闸过程中，在触头刚分离时如发生弧光应迅速合上并停止操作，立即检查是否为误操作。在拉刀闸前，应先判断拉开该刀闸是否会产生弧光（切断环流、电容电流时也会产生弧光），在确保不发生差错的前提下，对于会产生弧光的操作则应快而果断，尽快使电弧熄灭，以免烧坏触头。

(7) 刀闸操作完毕，及时将操作机构的定位销销牢（以免滑脱发生事故），并将程序锁锁好。

(8) 当刀闸的程序锁失灵时，不能随意解除闭锁装置，必须在得到相关领导同意后，方可解锁操作。

(9) 110kV、35kV 电压互感器处的丁刀闸不是电压互感器回路的丁刀闸，而是母线丁刀闸，正常运行时必须锁死。在电压互感器检修时不能合此丁刀闸，以免造成母线三相短路。

(10) 安全护具使用前必须检查完好性，以防因护具不合格而造成人身或设备事故。

24. 开关、刀闸操作效果的检查。

准备工作：

(1) 正确穿戴劳动保护用品。

(2) 工用具、材料准备：绝缘靴、安全帽、操作票、红蓝笔。

操作程序：

(1) 操作人、监护人来到需检查的开关、刀闸的设备标志牌前，站正位置。

(2) 监护人、操作人核对设备名称无误后，监护人高声唱票。

(3) 操作人手指被检查设备标志牌高声复诵一遍应检查项目的全部内容。

(4) 双方共同检查开关或刀闸确已操作到位。

(5) 操作人回答"在合位"或"在开位"。

(6) 监护人在操作票本项操作项目上打红色"√"。

(7) 本项操作完成。

操作安全提示：

注意与带电设备保持足够的安全距离。

25. 高压设备验电。

准备工作：

(1) 正确穿戴劳动保护用品。

(2) 工用具、材料准备：绝缘手套、绝缘靴、安全帽、操作票、高压验电器、红蓝笔、绝缘凳（根据现场情况使用）。

操作程序：

(1) 检查验电器。

① 选用相应电压等级的验电器。

② 检查验电器在有效期内。

③ 检查验电器外观是否清洁、良好，有无破损、划伤、受潮（包括绝缘杆、护环、工作触头），拉伸长度是否符合要求。

④ 按下验电器试验按钮，检查验电器声光指示是否正确。

(2) 正确验电。

① 试验验电器完好：操作人、监护人来到带电设备适合验电的位置，监护人监护，操作人将验电器杆体全部拉伸

开并固定良好后，手握验电器护环以下的部位，逐渐靠近有电设备，直至验电器发出声光信号为止（10kV 以上验电器工作触头不用完全接触带电体）。一个操作任务中有两处及以上位置需用同一验电器进行验电时，无须重复试验验电器完好。

② 双方来到设备需装设接地线或合丁刀闸处，操作人确认悬挂接地线的合适验电位置。

③ 如验电器长度不够，由操作人准备绝缘凳；监护人保持原地不动。

④ 监护人高声唱票，操作人目视待验电处高声复诵。

⑤ 监护人发出"对，执行"的允许操作命令。

⑥ 操作人在指定验电位置由最近一相到最远一相逐相验电（工作触头必须接触到被验电设备），双方确认验电结果（验电器无反应说明无电）。

⑦ 操作人回答"执行完毕，确无电压"。

⑧ 监护人在操作票本项操作项目上打红色"√"。

⑨ 本项操作完成。

操作安全提示：

（1）高压验电必须戴绝缘手套、穿绝缘靴。验电时应使用相应电压等级且经试验合格的专用验电器。

（2）雨天在室外验电时，禁止使用普通（不防水）的验电器或绝缘拉杆，以免其受潮闪络或沿面放电，引起事故；雨雪天气不得进行室外直接验电。

（3）验电器使用前要将绝缘棒长度拉足，手应握在手柄处，不得超过护环。操作人员必须与带电部分保持足够的安全距离。

（4）如果在木杆、木梯或木构架上验电，不接地线不能指示者，可在验电器上接地线，但必须经值班负责人许可。

（5）验电时应先验离自己最近处，后验离自己最远处。

（6）验电时，必须在停电设备的各侧（如开关的两侧，变压器的高、中、低三侧等）以及需要短路接地的部分逐相分别验电。若装地线时可能碰触设备其他部位或其他设备可能带电时应一并进行验电。

（7）验电器使用过程中，杆体不要触碰设备构架。

（8）验电时不要攀登设备构架，必要时应使用绝缘凳。

（9）验电器使用完毕后，应收缩杆体，并将表面擦拭干净后放入包装袋，存放在干燥处。

（10）安全护具使用前必须检查完好性，以防因护具不合格而造成人身或设备事故。

26. 装设接地线。

准备工作：

（1）正确穿戴劳动保护用品。

（2）工用具、材料准备：绝缘手套、绝缘靴、安全帽、操作票、接地线、地线操作棒、微机五防锁电脑钥匙（或该回路机械五防锁钥匙）、红蓝笔、绝缘凳（根据现场情况使用）、活动扳手。

操作程序：

（1）检查接地线及操作棒。

① 选择相应电压等级且编号正确的接地线。

② 检查接地线护套是否完好。

③ 检查接地线外观是否良好，有无破损、散股、断股现象。

④ 检查接地线线夹、接线鼻是否完好，使用是否灵活，

机械强度是否足够,有无断裂、松动。

⑤ 选用电压等级合适的操作棒。

⑥ 检查操作棒在有效期内。

⑦ 检查操作棒外观是否完好、干燥,有无损伤。操作棒不应沾有油污、水、泥等杂物。

⑧ 检查操作棒的端头有无破损。

⑨ 检查操作棒的防雨罩上口是否与绝缘部分紧密结合,有无渗漏现象。

(2) 装设接地线。

① 操作人走到接地线接地端站正位置,监护人高声唱票,操作人目视悬挂接地线导体端处高声复诵。

② 监护人核对无误后,发出"对,执行"的允许操作命令。

③ 操作人打开接地端五防程序锁,装设接地线接地端;监护人保持原地不动,监督操作人的动作。

④ 操作人按照先近后远的次序逐相装设接地线导体端。

⑤ 监护人、操作人检查接地线的悬挂符合要求。

⑥ 操作人回答"执行完毕"。

⑦ 监护人在操作票本项操作项目上打红色"√"。

⑧ 本项操作完成。

操作安全提示:

(1) 人体不得碰触未接地的导线。装设接地线导体端应使用操作棒,人体不得碰触接地线;人体、接地线操作棒以及接地线应稳定,所装接地线与带电部分应保持足够的安全距离;若已装接地线发生摆动与带电部分的距离不符合安全距离要求时,应采取相应措施。

(2) 装设接地线必须先接接地端,后接导体端。接地线接地端必须与现场接地桩接触良好；接地线线夹应接在现场相应的接地位置上，且保证接触良好。严禁将接地线缠绕在设备上或将接地端缠绕在接地体上，以免接触不良。禁止使用不符合规定的导线作接地或短路之用。

（3）装设接地线不宜单人进行。

（4）电缆及电容器接地前应逐相充分放电，星形接线电容器的中性点应接地。

（5）在配电装置上，接地线应装在该装置导电部分的适当部位，且先装离自己最近的一相，后装离自己最远的一相。

（6）装接地线前，先将接地线在现场理顺并展放好。

（7）可能送电至停电设备的各侧都应接地。当验明设备确无电压后，应立即将检修设备接地（装设接地线或合接地刀闸）并三相短路。在开关柜内开关两侧装设接地线时，应在开关两侧分别验电后，再分别装设接地线。

（8）装设接地线时，操作人员必须戴绝缘手套，以免受感应（或静电）电压的伤害，条件许可时应尽量使用装有绝缘手柄的接地线或接地开关代替接地线，以减少操作人员与一次系统直接接触的机会，防止触电。因平行或邻近带电设备导致检修设备可能产生感应电压时，应加装接地线或使用个人保安线。

（9）装设接地线时，同一电压等级应先装设调度管理的接地线，再装设变电所自管的接地线。

（10）装设接地线不能攀登设备构架，必要时应站在绝缘台上。

（11）工、护具使用前必须检查完好性，以防因工、护具不合格而造成人身或设备事故。

27. 拆除接地线。

准备工作：

(1) 正确穿戴劳动保护用品。

(2) 工用具、材料准备：绝缘手套、绝缘靴、安全帽、操作票、微机五防锁电脑钥匙（或该回路机械五防锁钥匙）、操作棒、红蓝笔、活动扳手、绝缘凳（根据现场情况使用）。

操作程序：

(1) 监护人和操作人一起来到需拆除接地线处，找到需拆除的接地线。

(2) 监护人高声唱票，操作人目视悬挂接地线导体端处高声复诵。

(3) 监护人核对接地线装设位置和接地线编号正确后，发出"对，执行"的允许操作命令。

(4) 操作人打开接地端五防程序锁，此时不拆除接地端；监护人保持原地不动，监督操作人的动作。

(5) 操作人按照先远后近的顺序逐相拆除接地线导体端。

(6) 操作人拆除接地线接地端，锁上五防程序锁。

(7) 操作人回答"执行完毕"。

(8) 监护人确认无误后在操作票本项操作项目上打红色"√"。

(9) 本项操作完成。

操作安全提示：

(1) 拆除接地线必须先拆导体端，后拆接地端。拆除接地线导体端时，先拆离自己最远的一相，后拆离自己最近的一相。

(2) 拆除接地线必须由两人进行。

(3) 拆除接地线时，同一电压等级应先拆除变电所自管的接地线，后拆除调度管理的接地线。

(4) 拆除接地线时，操作人员必须戴绝缘手套。

(5) 拆除接地线过程中，人体不得碰触接地线或未接地的导线；人体、接地线操作杆以及接地线应稳定，所装接地线与带电部分应保持足够的安全距离（要考虑接地线摆动时的距离）。

(6) 拆除接地线不能攀登设备构架，必要时应站在绝缘台上。

(7) 工、护具使用前必须检查完好性，以防因护具不合格而造成人身或设备事故。

28. 操作压板。

准备工作：

(1) 正确穿戴劳动保护用品。

(2) 工用具、材料准备：线手套、操作票、红蓝笔。

操作程序：

(1) 操作人、监护人走到需操作压板的保护屏前，核对保护屏正确无误。

(2) 找到需操作的设备单元和压板，监护人高声唱票，操作人手指设备复诵。

(3) 监护人核对压板名称编号无误后，发出"对，执行"的允许操作命令。

(4) 操作人操作压板。

(5) 监护人检查操作压板位置无误，双方检查各类变位信息是否正常。

(6) 操作人回答"执行完毕"。

(7) 监护人在操作票本项操作项目上打红色"√"。

(8) 本项操作完成。

操作安全提示：

(1) 在投入压板时，应将它的"动"片压于两个铜垫圈之间，再分别将上、下端头拧紧。

(2) 压板投入后应用万用表测试导通良好，防止因其接触不良，造成开关遇有故障时不能跳闸。

(3) 停压板时，应分别将上、下端头拧松，再将"动"片打到停用位置固定好。

(4) 有多个端头的压板，应按要求投入到需要投入的一端。

(5) 操作压板必须戴线手套。

29. 使用绝缘拉杆。

准备工作：

(1) 正确穿戴劳动保护用品。

(2) 工用具、材料准备：绝缘手套、绝缘靴、安全帽、绝缘拉杆1套。

操作程序：

(1) 检查绝缘拉杆：

① 选用电压等级合适、试验合格的绝缘拉杆。

② 检查在有效期内。

③ 检查外表是否干净、干燥，有无裂纹、划痕等外部损伤，绝缘拉杆不应沾有油污、水、泥等杂物。

④ 检查绝缘拉杆的堵头有无破损。

⑤ 检查绝缘拉杆的防雨罩上口是否与绝缘部分紧密结合，有无渗漏现象。

(2) 正确使用绝缘拉杆：

① 戴绝缘手套，穿绝缘靴。

②拿起绝缘拉杆，手握在允许范围内，不得超出防护罩或防护环。

③将绝缘拉杆逐步伸向被操作设备，并保持杆身、人体与带电体的距离。

④进行开、合操作，应注意杆头金属部件与金具的安全距离，防止短路。

操作安全提示：

（1）每年要对绝缘拉杆进行一次交流耐压试验，不合格的要立即报废，严禁使用不符合要求的绝缘拉杆，以免发生触电事故或机械伤害。

（2）绝缘拉杆的电压等级必须适用于被操作的设备，且核对无误后才能使用。

（3）雨天在室外使用的绝缘拉杆，必须带有防雨罩。

（4）在连接绝缘拉杆各节之间的螺纹时，不可触碰地面，以防杂物进入绝缘拉杆中或黏附在杆体表面，降低绝缘性能。

（5）相邻两节绝缘拉杆的螺纹要拧紧，不可将螺纹未拧紧的绝缘拉杆投入使用。

（6）操作人员站位要合适，确保绝缘拉杆在移动过程中与相邻带电体保持足够的安全距离。

（7）使用绝缘拉杆时要尽量减少对杆体的弯曲力，以防损坏杆体。

（8）绝缘拉杆使用完毕要及时将杆体表面的污迹擦拭干净，并把螺纹拧开，放回原处。

（9）绝缘拉杆要有专人保管，存放在屋内通风良好、清洁干燥的支架上或悬挂起来，尽量不要靠近墙壁，以防受潮，破坏其绝缘。

（10）设备绝缘距离较短或空间较小时，不得使用绝缘拉杆，以防发生短路事故。

（11）安全护具使用前必须检查完好性，以防因护具不合格而造成人身或设备事故。

30. 使用500型万用表带电判断操作直流熔断器的好坏。

准备工作：

（1）正确穿戴劳动保护用品。

（2）工用具、材料准备：线手套、500型万用表、平口螺丝刀。

操作程序：

（1）检查万用表外观是否良好，表笔绝缘是否良好。

（2）将万用表水平放置，机械调零。

（3）将红表笔插入标有"+"的插孔内，黑表笔插入标有"-"或"*"的插孔内。

（4）对应切换万用表两个功能选择开关，选择直流电压挡位及量程（直流250V）。

（5）戴好线手套。

（6）将红表笔接入正熔断器电源侧，黑表笔接入负熔断器电源侧。

（7）若万用表指示为220V，说明电源完好。

（8）将红表笔接入正熔断器负荷侧，黑表笔接入负熔断器负荷侧。

（9）若万用表指示为220V，说明正负熔断器均完好。

（10）若万用表指示为"0"，说明至少有一个熔断器熔断。

（11）将红表笔接入正熔断器电源侧，黑表笔接入负熔断器负荷侧。

（12）若万用表指示为220V，说明负熔断器完好；若指示为"0",说明负熔断器熔断。

(13) 将红表笔接入正熔断器负荷侧,黑表笔接入负熔断器电源侧。

(14) 若万用表指示为220V,说明正熔断器完好;指示为"0",说明正熔断器熔断。

(15) 测量完毕后,将万用表两个功能选择开关均置于交流电压最大挡或空挡。

操作安全提示:

(1) 万用表表笔接触必须良好,严禁缠绕。禁止使用不符合规定的万用表,以防触电。

(2) 测量时,注意与带电部分保持足够的安全距离,避免触电。

(3) 测量中严禁将仪表及被测设备损坏;测量中避免造成直流接地或短路。

(4) 使用万用表进行带电测量时必须戴线手套,禁止直接手握表笔的金属杆,以防触电。

(5) 万用表使用完毕,必须将两个功能选择开关均置于交流电压最大挡或空挡,以防下次使用时因未切换挡位烧毁万用表。

31. 使用数字万用表判断操作直流熔断器(或动力熔断器)的好坏。

准备工作:

(1) 正确穿戴劳动保护用品。

(2) 工用具、材料准备:线手套、数字万用表。

操作程序:

(1) 电压法。

① 检查万用表电量是否充足,表笔绝缘是否良好。

② 将红表笔插入标有"V/Ω"的插孔中，黑表笔插入标有"COM"的插孔中。

③ 将功能选择开关旋转到"DCV"，选择合适量程（250V 或以上）。

④ 按下万用表电源开关。

⑤ 戴好线手套。

⑥ 将红表笔接入正熔断器电源侧，黑表笔接入负熔断器电源侧。

⑦ 若万用表指示为 220（240）V 左右，说明电源完好。

⑧ 将红表笔接入正熔断器负荷侧，黑表笔接入负熔断器负荷侧。

⑨ 若万用表指示为 220（240）V 左右，说明正负熔断器均完好。

⑩ 若万用表指示为"0"，说明至少有一个熔断器熔断。

⑪ 将红表笔接入正熔断器电源侧，黑表笔接入负熔断器负荷侧。

⑫ 若万用表指示为 220（240）V 左右，说明负熔断器完好；若指示为"0"，说明负熔断器熔断。

⑬ 将红表笔接入正熔断器负荷侧，黑表笔接入负熔断器电源侧。

⑭ 若万用表指示为 220（240）V 左右，说明正熔断器完好；指示为"0"，说明正熔断器熔断。

⑮ 测量完毕后，将万用表功能选择开关置于交流电压最大挡或空挡。

（2）电阻法：

① 检查万用表电量是否充足，表笔绝缘是否良好。

②将红表笔插入标有"V/Ω"的插孔中,黑表笔插入标有"COM"的插孔中。

③将功能选择开关旋转到蜂鸣挡上。

④按下万用表电源开关。

⑤检测蜂鸣挡是否良好(将两表笔尖短接,蜂鸣器应发声)。

⑥戴好线手套将被测熔断器取下,将两表笔分别放置在熔断器两侧。若蜂鸣器发声,说明熔断器完好;若蜂鸣器未发声,说明熔断器熔断。

⑦用电阻挡测量熔断器时,阻值无穷大为坏的,阻值接近于零为好的(但对于电压互感器一次熔断器,有一定的阻值是正常的)。

⑧测量完毕后,将万用表功能选择开关置于交流电压最大挡或空挡。

操作安全提示:

(1)采用电阻法测量熔断器时,必须将熔断器取下,严禁在带电的情况下使用电阻挡进行测量。

(2)更换熔断器后,若需带电测量熔断器接触情况,应注意万用表的挡位变换,防止损坏仪表。

(3)万用表表笔必须接触良好,严禁缠绕。禁止使用不符合规定的万用表,以防触电。

(4)测量时,注意与带电部分保持足够的安全距离,避免触电。

(5)测量中严禁将仪表及被测设备损坏。用电压法测量熔断器时避免造成直流接地或短路。

(6)使用万用表进行带电测量时必须戴线手套,禁止直接手握表笔的金属杆,以防触电。

（7）万用表使用完毕，必须将功能选择开关置于交流电压最大挡或空挡，以防下次使用时因未切换挡位烧毁万用表。

32.使用数字万用表判断压板接触情况。

准备工作：

（1）正确穿戴劳动保护用品。

（2）工用具、材料准备：线手套、数字万用表。

操作程序：

（1）检查万用表电量是否充足，表笔绝缘是否良好。

（2）将红表笔插入标有"V/Ω"的插孔中，黑表笔插入标有"COM"的插孔中。

（3）将功能选择开关旋转到"DCV"，选择合适量程（250V或以上）。

（4）按下万用表电源开关。

（5）戴好线手套。

（6）将一表笔置于压板上侧接线柱，另一表笔接地，得出一个电压值，然后再用上述方法测量压板下侧接线柱的对地电压（接地的表笔不变）。若为同一数值（极性也相同），说明压板接触良好；若数值不同则说明压板接触不良。

（7）测量完毕后，将万用表功能选择开关置于交流电压最大挡或空挡。

操作安全提示：

（1）万用表表笔接触必须良好，严禁缠绕。禁止使用不符合规定的万用表，以防触电。

（2）测量时，注意与带电部分保持足够的安全距离，避免触电。

(3) 测量中严禁将仪表及被测设备损坏，测量中避免造成直流接地或短路。

(4) 条件允许时最好在压板背面的接线柱进行测试。

(5) 测量时，必须选择良好的接地点。

(6) 使用万用表进行带电测量时必须戴线手套，禁止直接手握表笔的金属杆，以防触电。

(7) 万用表使用完毕，必须将功能选择开关置于交流电压最大挡或空挡，以防下次使用时因未切换挡位烧毁万用表。

33. 使用数字万用表测试直流（交流）电压。

准备工作：

(1) 正确穿戴劳动保护用品。

(2) 工用具、材料准备：线手套、数字万用表、记录本。

操作程序：

(1) 检查万用表电量是否充足，表笔绝缘是否良好。

(2) 将红表笔插入标有"V/Ω"的插孔中，黑表笔插入标有"COM"的插孔中。

(3) 将功能选择开关旋转到"DCV（直流电压）或ACV（交流电压）"所对应的区域内，根据被测对象选择合适的量程。

(4) 戴好线手套。

(5) 按下万用表电源开关即可进行测试，读值。

(6) 若所测电压超过所选定的量程，则万用表显示异常值，此时可增加量程，直至合适为止。

(7) 测量完毕，将万用表功能选择开关置于交流电压最高挡或空挡上。

操作安全提示：

（1）表笔必须接触良好，严禁缠绕。禁止使用不符合规定的万用表，以防触电。

（2）测量中严禁将仪表及被测设备损坏。

（3）使用万用表进行带电测量时必须戴线手套，禁止直接手握表笔的金属杆，以防触电。

（4）万用表挡位必须选择正确。若不知被测电压的大约值，应先用最高挡位估测出被测值的大小，再选择合适的量程进行测量，以免烧坏仪表。严禁在带电情况下，切换万用表量程，以免损坏万用表功能选择开关。

（5）测量直流电压时，要注意表笔的极性。测量中避免造成直流接地或短路。

（6）测量时，注意与带电部分保持足够的安全距离，避免触电。

（7）万用表使用完毕，必须将功能选择开关调至交流电压最大挡或空挡，以防下次使用时因未切换挡位烧毁万用表。

34. 使用指针式万用表测量电阻。

准备工作：

（1）正确穿戴劳动保护用品。

（2）工用具、材料准备：线手套、指针式万用表、记录本。

操作程序：

（1）检查万用表电量是否充足，表笔绝缘是否良好。

（2）戴好线手套。

（3）将万用表水平放置。

（4）机械调零。

(5) 将红表笔插入标有"+"的插孔内,黑表笔插入标有"-"或"*"的插孔内。

(6) 把功能转换开关旋到"Ω"挡范围内,根据大致估值选择适当的电阻倍率挡。

(7) 将两表笔分别与被测电阻两端相连。若指针未在刻度尺的 1/3～2/3 范围内,应变换倍率挡,重新测量。

(8) 读取数值。

(9) 测量完毕,将万用表功能选择开关调至交流电压最大挡或空挡。

操作安全提示:

(1) 表笔必须接触良好,严禁缠绕。禁止使用不符合规定的万用表,以防触电。

(2) 测量中严禁将仪表及被测设备损坏。

(3) 若万用表电阻挡无法调至 Ω 零位,说明表内电池电压不足,应更换电池。

(4) 不能带电测量电阻。

(5) 测电阻时不能用两手同时触及电阻裸露两端或表笔金属尖,以防测量结果不准确。

(6) 每次变换倍率挡位时,要检查指针是否指在零位,否则应重新进行机械调零。

(7) 万用表使用完毕,必须将功能选择开关调至交流电压最大挡或空挡,以防下次使用时因未切换挡位烧毁万用表。

35. 使用数字万用表进行所用变核相工作。

准备工作:

(1) 正确穿戴劳动保护用品。

(2) 工用具、材料准备:线手套、数字万用表、记录本。

操作程序：

（1）检查万用表电量是否充足，表笔绝缘是否良好。

（2）戴好线手套。

（3）将红表笔插入标有"V/Ω"的插孔中，黑表笔插入标有"COM"的插孔中。

（4）将功能选择开关旋转到"ACV"750V挡。

（5）测量前检查所用变的低压运行方式。

（6）检查需核相所用变电压是否已送到低压盘：用万用表分别测量来电侧相、线电压均正常（线电压380V左右、相电压220V左右）。

（7）使用万用表在断开点处进行核相操作：若测量需核相所用变来电侧A相对母线侧各相的电压为A—A：0V、A—B：380V、A—C：380V；来电侧B相对母线侧各相的电压为B—A：380V、B—B：0V、B—C：380V；来电侧C相对母线侧各相的电压为C—A：380V、C—B：380V、C—C：0V。则说明相序正确。

（8）如有任意两相电压异常，则说明相序不正确。

（9）测量完毕后，将万用表功能选择开关置于交流电压最大挡或空挡。

操作安全提示：

（1）表笔必须接触良好，严禁缠绕。禁止使用不符合规定的万用表，以防触电。

（2）测量中严禁将仪表及被测设备损坏。

（3）使用万用表进行带电测量时必须戴线手套，禁止直接手握表笔的金属杆，以防触电。

（4）严禁在带电情况下，切换量程，以免损坏万用表功能选择开关。

(5) 核相前，必须先检查核相所用变的三相线电压和相电压正常，不缺相。

(6) 核相中，每一相都必须与另一侧三相分别进行核对，不能遗漏。

(7) 测量时应防止造成低压回路接地或短路。

(8) 测量时，注意与带电部分保持足够的安全距离，避免触电。

(9) 万用表使用完毕，必须将功能选择开关调至交流电压最大挡或空挡，以防下次使用时因未切换挡位烧毁万用表。

36. 使用钳型电流表测量交流电流。

准备工作：

(1) 正确穿戴劳动保护用品。

(2) 工用具、材料准备：绝缘手套、钳形电流表、记录本。

操作程序：

(1) 检查被测导线绝缘是否良好。

(2) 选择电压等级合适的钳形电流表。

(3) 检查钳形电流表钳口有无污物，外观有无损伤、损坏，测量点是否满足操作时的安全要求。

(4) 戴好绝缘手套。

(5) 估算被测回路电流的大小，选择合适的量程。如无法估测电流大小，可将钳形电流表打到最大电流挡。

(6) 将被测导线放入钳口的中央，钳口闭紧，观察指针是否超过中间刻度线。如指针偏转太小或超出量程，说明量程不合适，需要转换量程。

(7) 读取数值，判断三相负荷是否平衡。

(8) 测量完毕后，将钳形电流表挡位开关置于交流电流最大挡或空挡。

操作安全提示：

(1) 使用钳形电流表时应注意钳形电流表的电压等级。测量时应戴线手套，站在绝缘物上，不应触及其他设备，以防短路或接地。观测表计时，注意保持头部与带电部分的安全距离，避免触电。

(2) 测量 5A 以下的小电流时，为了获得较准确的测量值，在条件允许的情况下，可将被测载流导体多绕几圈，再放进钳口进行测量。此时，实际电流值应该等于仪表上的读数除以放进钳口的导线圈数。

(3) 测量低压熔断器或水平排列低压母线电流前，应将各相熔断器和导线用绝缘材料加以隔离。

(4) 若量程不合适，需要转换量程时，必须将钳口打开，保证在不带电的情况下旋转量程开关，以免损坏仪表。

(5) 钳形电流表不允许超量程使用，禁止使用普通钳形电流表测量高压线路或电缆的电流。

(6) 测量中严禁将仪表及被测设备损坏。

(7) 钳形电流表使用完毕，应将挡位开关置于交流电流最大挡或空挡，以防下次使用时，因未选择量程就进行测量而损坏仪表。

37. 使用兆欧表测量低压电缆绝缘电阻。

准备工作：

(1) 正确穿戴劳动保护用品。

(2) 工用具、材料准备：线手套、500V 兆欧表、放电棒、低压验电器、连接线若干、绝缘电阻测试记录。

操作程序：

(1) 检查待测电缆是否已停电，且外壳接地良好。

(2) 戴好线手套，对待测电缆进行三相验电、放电。

(3) 拆除待测电缆与系统之间的连接线。

(4) 选择电压等级合适的兆欧表（500V）。

(5) 检查兆欧表外观是否完整，有无损伤；检查两表笔线绝缘是否良好，有无破损。

(6) 将兆欧表放置平稳，两表笔线分别接兆欧表"L""E"端子。

(7) 检验兆欧表：

① 开路试验：将两表笔线分开，由慢渐快摇动兆欧表的摇柄至额定转速（120r/min），兆欧表指针应指在"∞"位。

② 短路试验：缓慢摇动兆欧表的摇柄，将两表笔瞬间短接，兆欧表指针应指在"0"位。

(8) 将兆欧表的"L"端连接被测电缆四芯中的任一芯，"E"端连接被测电缆的钢铠。

(9) 摇动兆欧表手柄，达到额定转速，1min后读数并记录测量结果。

(10) 拆除兆欧表"L"端与电缆芯线的连接线后，停止摇动兆欧表手柄。

(11) 将刚测量的线芯、钢铠分别对地放电。

(12) 重复步骤（8）～（11），测量其他线芯对地绝缘，共获得4项线芯对地的绝缘数据（A—地、B—地、C—地、0—地）。

(13) 将兆欧表的"L""E"分别接被测电缆的两芯线。

(14) 摇动兆欧表手柄，达到额定转速，1min后读数并记录测量结果。

（15）拆除兆欧表"L"端与电缆芯线的连接线后，停止摇动兆欧表手柄。

（16）将刚测量的两线芯分别对地放电。

（17）倒换其他线芯，重复步骤（13）～（16），测量各芯线之间绝缘，共获得6项线芯之间的绝缘数据（A—B、A—C、A—0、B—C、B—0、C—0）。

（18）测量完毕，先拆除兆欧表"L"端与被测电缆的连接线，再停止摇动兆欧表手柄。

（19）将被测电缆对地充分放电。

操作安全提示：

（1）使用兆欧表摇测绝缘电阻时，必须先将被测设备各侧断开，验明无电压，确认无人工作后方可进行。测量绝缘电阻过程中，不应让他人接近被测设备。

（2）兆欧表与被测设备之间的连接导线不能用双股绝缘线或绞线，只能用单股线，避免因线间电阻而影响测量结果。

（3）测量线路绝缘电阻时，若有感应电压，应将相关线路同时停电，取得许可并通知对侧后方可进行。

（4）测量电缆的绝缘电阻时，应记录当时的温度、湿度、被测设备的状况等，便于正确分析测量结果。电缆绝缘电阻参考值为1MΩ，潮湿地区不小于0.5MΩ；运行中的电缆绝缘标准可适当降低。

（5）摇测绝缘电阻开始时应由慢渐快，最后保持匀速摇动（120r/min），切忌忽快忽慢，以免指针摆动过大引起测量误差。

（6）使用兆欧表测量绝缘电阻前后，必须将被测设备对地充分放电。

（7）当兆欧表未停止转动及被测物没有放电之前，不能用手触及被测设备和线路的测量部位，也不能进行拆除线路的工作，以防触电。

（8）测量过程中，摇表测量引线不得缠绕，以免影响测量结果。

（9）使用兆欧表测量绝缘电阻时必须戴线手套。测量绝缘电阻前，应先拆除被测设备与系统的连接线。

（10）兆欧表必须水平放置，并确保远离有磁场的设备。

（11）兆欧表使用不当可能导致触电或仪表损坏。

（12）测量完毕，应先拆除兆欧表"L"端与被测设备的连接线，再停止摇动兆欧表手柄，以防反充电损坏兆欧表。

38. 使用内阻仪测量蓄电池内阻。

准备工作：

（1）正确穿戴劳动保护用品。

（2）工用具、材料准备：线手套、长袖棉工服、内阻仪、蓄电池测试记录。

操作程序：

（1）工作时必须戴线手套，穿长袖工服。

（2）测试前，应先检查测试表笔及连接线是否正常工作。

（3）表笔与内阻仪正确连接。

（4）按下"POWER"键，启动内阻仪，根据被测物选择合适的挡位，即：3MΩ，2V；30MΩ，12V。

（5）测试时，红表笔接触被测电池的正极，黑表笔接触被测电池的负极，并将表笔笔端的弹簧探针按下并接触良好后，液晶窗便会显示出被测电池的内阻与电压。

（6）及时准确记录电压及内阻值。

操作安全提示：

（1）测试人将所戴的手表等金属物品摘下，防止造成短路。

（2）测量时，确保表笔的内外触点与电池极柱接触良好，电压与阻值显示不全时，重新测量。

（3）表笔及连线绝缘良好，无绝缘层老化、开裂和导体暴露等。

（4）红色的双插口表线的"▲"符号与内阻仪上的红色双插口"▲"符号相对应连接，黑色的也是如此，切勿连接错误。

（5）内阻标准：12V电池，小于8MΩ或2V电池，小于1MΩ（应符合制造厂家标准）。

（6）切勿测试60V以上的直流电压及70V以上的直流对地电压；切勿测试交变电压。

（7）仪器用完后，应及时关闭电源。

（8）为了避免电池泄漏腐蚀和电池劣化，仪器长期不用时，应把电池取下。

39. 使用红外线测温仪测试设备温度。

准备工作：

（1）正确穿戴劳动保护用品。

（2）工用具、材料准备：线手套、长袖棉工服、安全帽、红外线测温仪、红外线测试记录。

操作程序：

（1）工作时必须戴安全帽、线手套，穿长袖棉工服。

（2）根据测试设备使用说明书进行操作。

操作安全提示：

(1) 测试人员与设备保持足够的安全距离，防止造成人身触电。

(2) 测试时，先用面测，并将设备各接点逐点扫描。

(3) 测试人在测试时，要注意观测数据。

(4) 发现异常时，应进行对比测试（记录负荷值和测度值）。

(5) 将测试结果汇报调度，要求专业部门进行鉴定。

(6) 对异常设备加强监测。

 常见故障判断处理

1. 变压器重瓦斯保护动作有什么现象？如何处理？

故障现象：

(1) 常规变电所：警铃、警笛响；"×号主变瓦斯动作""信号未复归""×号主变风冷电源故障"光字牌亮；故障变压器各侧开关红灯熄灭、绿灯闪光，表计指示归零；×号主变重瓦斯保护信号继电器动作。（若低压侧母线分列运行，则相应×段母线失电，该段母线电压表指示归零，该母线所带所有出线及所用变失电，负荷归零，电能表停止脉冲；该母线所带电容器或直配电动机低电压保护信号继电器动作，开关跳闸）。现场×号主变瓦斯继电器内有气体。

(2) 典型综合自动化变电所：警铃、警笛响。前台机：故障变压器本体保护装置"重瓦斯保护动作""跳闸"灯亮，液晶窗显示保护动作报文；故障变压器各侧开关红灯熄灭、绿灯亮，电能表停止脉冲。后台机：主接线模拟图显示故障变压器各侧开关闪烁；告警信息栏显示故障变压器的保护、开关等动作信息；故障变压器负荷归零。(若低压侧母线分列运行，则相应×段母线失电；该段母线电压指示为零，该母线所带所有出线及所用变失电，发电压互感器断线报文，负荷归零，电能表停止脉冲；该母线所带电容器或直配电动机低电压保护动作，开关跳闸)。现场×号主变瓦斯继电器内有气体。

处理方法：

（1）检查、记录与汇报。

① 复归音响，记录时间、现象。

② 检查开关灯光指示、保护动作信号是否正常。

③ 汇报调度，复归跳闸开关操作把手（常规变）。

（2）检查变压器。

① 检查、穿戴安全护具。

② 检查变压器压力释放阀是否动作。

③ 检查变压器有无严重渗漏及喷油现象。

④ 检查瓷套有无裂纹。

⑤ 检查密封胶垫有无严重损坏、漏油。

⑥ 检查变压器油温、油色、油位是否正常。

⑦ 检查瓦斯继电器是否正常（如内部有气体，则应记录气量，观察气体的颜色及试验是否可燃，并取气样及油样做色谱分析，视气体的颜色、可燃性判明故障原因）。

（3）检查各侧开关外观有无异常。

（4）检查二次回路。

① 检查所内有无其他保护动作信号。

② 检查瓦斯保护二次回路是否正常。

③检查直流回路电源电压是否正常。

④检查直流系统有无接地现象。

(5) 根据现象及检查结果综合分析（是否因积聚空气、油位降低、二次回路故障或是变压器内部故障造成）。

(6) 汇报调度。

(7) 执行操作。

①经调度许可复归保护动作信号。

②在调度指挥下隔离故障变压器，恢复失电母线的供电。

③布置好现场安全措施，做好准备工作，等待检修人员处理故障。

(8) 填写相关记录。

操作安全提示：

(1) 变压器跳闸后，在进行事故处理的同时，应监视运行变压器的负荷及温度，如超过额定电流或允许温度运行，应按短期急救负载运行规定处理。

(2) 重瓦斯保护动作跳闸后，未查明原因、消除故障前不得将变压器投入运行。

(3) 巡视检查设备，应穿戴安全护具，注意与带电设备保持足够的安全距离。

(4) 若瓦斯继电器内的气体为无色、无臭且不可燃，色谱分析判断为空气，则变压器可继续运行，并及时排气；若气体是可燃的或油中溶解气体，分析结果异常，应综合判断确定变压器是否停运，并对动作保护范围内的设备（包括变压器及跳闸开关）进行全面检查。

(5) 事故处理过程中，注意随时保持与调度的通信畅通。

2. 110kV 线路（双回线）故障开关跳闸，重合闸动作未成功有什么现象？如何处理？

故障现象：

（1）常规变电所：

故障线路开关跳闸，红灯熄灭，绿灯闪光，"故障录波器动作""重合闸动作""信号未复归"光字亮，110kV 横差保护跳故障线 XJ 信号继电器动作，故障线交流表计指示归零，电能表停转，非故障线路负荷增加。

（2）典型综合自动化变电所：

前台机：故障线路开关运行指示灯绿灯亮，红灯灭，液晶显示窗电流、电压（如 110kV Ⅰ、Ⅱ分列运行，电压显示为零；如果 110kV Ⅰ、Ⅱ并列运行，电压显示为正常电压）、功率显示为零，循环显示保护动作报文，三相操作箱上"跳闸"灯、保护箱"保护动作"灯、"重合闸动作"灯亮，接地（相间）横差保护动作开关跳闸，重合闸动作不成功，电能表停转。后台机：故障线路电流、电压（如 110kV Ⅰ、Ⅱ分列运行，电压显示为零；如 110kV Ⅰ、Ⅱ并列运行，电压显示为正常电压）、功率显示为零，另一回线路负荷增加。

处理方法：

（1）检查、记录与汇报。

① 复归音响，记录时间、现象。

② 检查开关灯光指示情况。

③ 检查并记录保护动作信号是否正常。

④ 汇报调度，复归跳闸开关操作把手（常规变）。

（2）检查设备。

① 检查、穿戴安全护具。

②检查动作保护范围内一、二次设备（包括跳闸开关）有无异常，检查开关开、合位置有无异常。（检查弹簧已储能）

（3）根据现象及检查结果综合分析。

（4）汇报调度。

（5）执行操作。

①经调度许可复归保护动作信号。

②在调度指挥下将故障线路停电，布置好安全措施。

（6）填写相关记录。

操作安全提示：

（1）根据故障现象（保护动作、仪表指示等）进行综合分析判断。

（2）巡视检查至少两人进行，对保护动作范围内设备进行全面检查。

（3）拉开刀闸前应检查开关确在开位。

（4）巡视及操作时，必须穿戴好绝缘护具。

（5）如所内无故障，应主动向调度了解事故原因。

（6）事故处理过程中，注意随时保持与调度的通信畅通。

3. 变压器差动保护动作有什么现象？如何处理？

故障现象：

（1）常规变电所：警铃、警笛响；"信号未复归""故障录波器动作""×号主变风冷电源故障"光字亮；故障变压器各侧开关红灯熄灭、绿灯闪光，表计指示归零，电能表停止脉冲；×号主变差动保护信号继电器动作（若低压侧母线分列运行，则相应×段母线失电；该段母线电压表指示归零，该母线所带所有出线及所用变失电，负荷归零，电能表停止脉冲；该母线所带电容器或直配电动机低电压保护信号继电器动作，开关跳闸）。

（2）典型综合自动化变电所：警铃、警笛响。前台机：故障变压器保护装置"保护动作""跳闸"灯亮，液晶窗显示保护动作报文；故障变压器各侧开关红灯熄灭、绿灯亮，电能表停止脉冲。后台机：主接线模拟图显示故障变压器各侧开关闪烁；告警信息栏显示故障变压器的保护、开关等动作信息；故障变压器负荷归零（若低压侧母线分列运行，则相应×段母线失电；该段母线电压指示为零，该母线所带所有出线及所用变失电，发电压互感器断线报文，负荷归零，电能表停止脉冲；该母线所带电容器或直配电动机低电压保护动作，开关跳闸）。

处理方法：

（1）检查、记录与汇报。

① 复归音响，记录时间、现象。

② 检查开关灯光指示、保护动作信号是否正常。

③ 汇报调度，复归跳闸开关操作把手（常规变）。

（2）检查变压器。

① 检查、穿戴安全护具。

② 检查变压器外部、套管及引线有无放电闪络痕迹。

③ 检查变压器套管有无脏污、裂纹，引线有无断线。

④ 检查变压器有无严重渗漏及喷油。

⑤ 检查变压器油色、油温、油位是否正常。

⑥ 检查变压器分接开关等元件有无故障。

（3）检查差动保护范围内其他设备。

① 检查主变各侧开关以内设备的运行情况。

②检查主变各侧开关跳闸情况及有无异常。

(4) 检查二次回路。

①检查所内有无其他保护动作信号。

②检查差动保护二次回路有无异常。

③检查直流电源电压是否正常。

④检查直流系统有无接地现象。

(5) 根据现象及检查结果综合分析。

(6) 汇报调度。

(7) 执行操作。

①经调度许可复归保护动作信号。

②在调度指挥下隔离故障设备,恢复失电母线的供电。

③布置好安全措施,做好准备工作,等待检修人员处理故障。

(8) 填写相关记录。

操作安全提示:

(1) 变压器跳闸后,在进行事故处理的同时,应监视运行变压器的负荷及温度,如超过额定电流或允许温度运行,应按短期急救负载运行规定处理。

(2) 差动保护动作跳闸后,未查明原因、消除故障前不得将变压器投入运行。

(3) 巡视检查设备,应穿戴安全护具,注意与带电设备保持足够的安全距离。

(4) 事故处理过程中,注意随时保持与调度的通信畅通。

4. 变电所全所失电有什么现象?如何处理?

故障现象:

(1) 常规变电所:警铃响;交直流照明自动切换,事故照明灯亮；主变停运，全部交流表计均指示归零，电能表停止脉冲（若带有失压保护的设备投运，则警笛响，相应开关低电压保护动作，开关跳闸）。

（2）典型综合自动化变电所：警铃响。交直流照明自动切换，事故照明灯亮，主变停运，所有电能表停止脉冲。前台机：带有电压互感器断线报警功能的装置均发电压互感器断线报警信号，所有交流负荷归零。后台机：带有电压互感器断线报警功能的回路均发电压互感器断线报警信号，所有交流负荷归零（若带有失压保护的设备投运，则警笛响，相应开关低电压保护动作，开关跳闸）。

处理方法：

（1）检查、记录与汇报。

① 复归音响，记录时间、现象。

② 检查直流系统运行情况，检查直流母线电压表指示情况。

③ 检查开关灯光指示情况，检查保护装置动作情况。

④ 汇报调度。

（2）检查设备。

① 检查、穿戴安全护具。

② 检查一、二次设备有无异常。

（3）根据现象及检查结果综合分析。

（4）汇报调度。

（5）执行操作。

① 拉开未跳闸的高压电动机和电容器开关。

② 若有保护动作，开关跳闸，应及时复归跳闸开关 KK 把手及保护动作信号。

③ 确认是上级电源影响时，所内其他设备不动，等待

受电。

(6) 填写相关记录。

操作安全提示：

(1) 正确区分"全所失电"与"全所停电"。

(2) 不得将所用变失电、照明失电误判为全所失电。

(3) 注意检查直流系统运行情况，保证所内直流电源电压正常，通信畅通。

5. 35kV 线路故障保护动作跳闸（重合闸动作不成功）有什么现象？如何处理？

故障现象：

(1) 常规变电所：警铃、警笛响。①电流电压保护：故障线路开关跳闸，绿灯闪光，交流表计指示归零，电度表停转，"重合闸动作""掉牌未复归"光字亮，电流电压保护动作信号继电器掉牌，重合闸信号继电器 XJ 动作掉牌。双回中路无故障线路负荷增加。②平衡保护：双回路中故障线路开关跳闸，绿灯闪光，交流表计指示归零，电度表停转，"电源连锁监视""重合闸动作""掉牌未复归"光字亮，故障线路平衡保护动作信号继电器掉牌，重合闸信号继电器 XJ 动作掉牌。双回路中无故障线路负荷增加。

(2) 典型综合自动化变电所：警铃、警笛响。前台机：跳闸故障线路保护装置"保护动作""重合闸动作"指示灯亮，液晶窗显示"相间（接地）距离 × 段保护动作""重合出口""相间距离Ⅲ段加速"报文，跳闸开关 KK 把手绿灯亮。后台机：保护信息自动弹出事件通知一览表，告警窗显示跳闸线路相间（接地）距离 × 段保护动作，重合出口，相间距离Ⅲ段加速报文，遥测一览表中跳闸线路电流表、有功功率表、无功功率表计指示归零，电度表停转。双回路中无故障线路负荷增加。

处理方法：

（1）检查、记录与汇报。

① 复归音响，记录时间、现象。

② 检查开关灯光指示情况。

③ 检查并记录保护动作信号。

④ 汇报调度，复归跳闸开关操作把手（常规变）。

（2）检查设备。

① 检查、穿戴安全护具。

② 检查保护动作范围内一、二次设备（包括跳闸开关）有无异常，检查开关开、合位置是否正常（检查弹簧已储能）。

（3）根据现象及检查结果综合分析（双回路的，征得调度同意，及时停用双回路的保护压板）。

（4）汇报调度。

（5）执行操作。

① 经调度许可复归保护动作信号。

② 在调度指挥下将故障线路停电，布置好安全措施。

（6）填写相关记录。

操作安全提示：

（1）根据故障现象（保护动作、仪表指示等）进行综合分析。

（2）巡视检查至少两人进行，对动作保护范围内设备进行全面检查。

（3）拉开刀闸前应检查开关确在开位。

（4）巡视及操作时，必须穿戴好绝缘护具。

（5）事故处理过程中，注意随时保持与调度的通信畅通。

6. 6kV 母线单相接地（并列运行）有什么现象？如何处理？

故障现象：

（1）常规变电所：警铃响。"6kV Ⅰ、Ⅱ 段母线接地""信号未复归"光字牌亮。6kV Ⅰ、Ⅱ 段母线绝缘监察电压表三相指示不平衡，若完全接地（金属性接地），则接地相电压为零、其他两相升高至线电压；若为不完全接地，则接地相电压降低、其他两相升高。6kV Ⅰ、Ⅱ 段母线绝缘监察信号继电器动作。

（2）典型综合自动化变电所：警铃响。前台机发告警报文。后台机电压棒图中显示：6kV Ⅰ、Ⅱ 段相电压接地相降低或为零，其他两相升高或至线电压，线电压不变，$3U_0$ 电压增大，告警信息栏显示"6kV Ⅰ、Ⅱ 段母线 $3U_0$ 越限"告警。

处理方法：

（1）检查、记录与汇报。

① 复归音响，记录时间、现象。

② 通过三相电压表指示，判断出接地相。

③ 汇报调度。

（2）检查设备。

① 检查、穿戴安全护具。

② 检查所内相关设备有无接地。

（3）汇报调度。

（4）执行操作。

① 检查、穿戴安全护具，检查所内相关设备有无接地，汇报调度。

② 发现接地点后，根据调度命令进行倒闸操作，布置好安全措施，配合检修单位处理故障。

③ 若未发现接地点，根据调度命令进行拉路试验：先将母线分段，而后进行拉路选择，找出故障回路。选出故障回路后，汇报调度，等候处理。

(5) 接地消失后，复归相关信号，填写相关记录。

操作安全提示：

(1) 发生单相接地时，要先对所内设备进行检查；检查设备必须穿戴绝缘护具。

(2) 单相接地不允许长时间运行，以防再有一点接地时造成跳闸事故（一般情况下，发生单相接地故障允许运行 2h）。

(3) 长时间接地时，需加强电压互感器的巡视。

(4) 所内有故障点时，应注意保持足够的安全距离。

(5) 进入故障范围内应穿绝缘靴，戴绝缘手套。

(6) 发生接地时，若所内有操作或检修工作，应立即停止。

(7) 严禁用刀闸切除接地点。

(8) 进行拉路寻找时，只剩最后一条线路也必须拉路。

(9) 故障处理过程中，注意随时保持与调度的通信畅通。

7. 6kV 线路故障，开关跳闸，重合闸动作未成功有什么现象？如何处理？

故障现象：

(1) 常规变电所：警铃、警笛响；"重合闸动作""信号未复归"光字亮；跳闸开关红灯熄灭、绿灯闪光，电流表、有功功率表、无功功率表指示归零，电能表停止脉冲；

故障线路保护信号继电器、重合闸信号继电器动作，重合闸继电器指示灯熄灭。

（2）典型综合自动化变电所：警铃、警笛响。前台机：故障线路保护测控装置"保护动作""重合闸动作""跳闸"灯亮，液晶窗显示保护、重合闸等动作报文；跳闸开关红灯熄灭、绿灯亮，电能表停止脉冲。后台机：主接线模拟图显示故障线路开关闪烁，故障线路电流表、有功功率表、无功功率表指示为零；告警信息栏显示故障线路的保护、开关、重合闸等动作信息。

处理方法：

（1）检查、记录与汇报。

① 复归音响，记录时间、现象。

② 检查开关灯光指示情况。

③ 检查并记录保护动作信号。

④ 汇报调度，复归跳闸开关操作把手（常规变）。

（2）检查设备。

① 检查、穿戴安全护具。

② 检查动作保护范围内一、二次设备（包括跳闸开关）有无异常，检查开关开、合位置是否正常（常规变还要注意测试动力熔断器是否完好）。

（3）根据现象及检查结果综合分析。

（4）汇报调度。

（5）执行操作。

① 经调度许可复归保护动作信号。

② 在调度指挥下将故障线路停电，布置好安全措施。

（6）填写相关记录。

操作安全提示：

（1）根据故障现象（保护动作、仪表指示等）进行综合分析。

（2）巡视检查至少两人进行，对动作保护范围内设备进行全面检查。

（3）拉开刀闸前应检查开关确在开位。

（4）巡视及操作时，必须穿戴好绝缘护具。

（5）如所内无故障，应主动向调度了解事故原因。

（6）事故处理过程中，注意随时保持与调度的通信畅通。

8. 6kV Ⅱ段电压互感器一次熔断器熔断有什么现象？如何处理？

故障现象：

（1）常规变电所：警铃响；"信号未复归""6kV Ⅱ段电压互感器熔断器熔断"（35kV 变电所）、"6kV Ⅱ段母线接地"光字亮；6kV Ⅱ段绝缘监察电压表指示熔断相电压降低或归零，其他两相电压不变，与熔断相有关的两个线电压降低；6kV Ⅱ段绝缘监察信号继电器动作。

（2）典型综合自动化变电所：警铃响。前台机发"6kV Ⅱ段所有出线电压互感器断线""2号主变低压侧零序过电压、低压侧电压互感器断线"告警。后台机：电压棒图中显示"6kV Ⅱ段相电压熔断相降低，其他两相不变，与熔断相有关的两个线电压降低"；告警信息栏显示"6kV Ⅱ段所有出线电压互感器断线""2号主变低压侧电压互感器断线""2号主变低压侧零序过电压""6kV Ⅱ段 3U0 越限"告警。

处理方法：

（1）检查、记录与汇报。

①复归音响，记录时间、现象。

② 检查母线电压表计指示情况。

③ 检查继电保护动作情况。

④ 汇报调度。

(2) 检查设备。

① 检查、穿戴安全护具。

② 检查 6kV Ⅱ 段电压互感器间隔内一次设备有无异常。

③ 用万用表判断 6kV Ⅱ 段电压互感器二次熔断器有无熔断，检查 6kV Ⅱ 段电压互感器二次回路有无异常。

(3) 根据现象及检查结果综合分析。

(4) 汇报调度。

(5) 执行操作。

① 经调度许可进行电压互感器二次切换，并确认切换成功。

② 在调度指挥下隔离故障设备，布置好安全措施。

③ 按规定履行工作许可手续后，更换新的一次熔断器。

④ 更换完毕后，汇报调度，复归相关信号。

⑤ 在调度指挥下将 6kV Ⅱ 段电压互感器恢复常态运行。

(6) 填写相关记录。

操作安全提示：

(1) 根据现象正确判断是一次熔断器熔断还是二次熔断器熔断。

(2) 退出或投入电压互感器的操作避免造成保护误动；所内电压互感器二次侧不能并列者，停用电压互感器前先停用有关的保护。

(3) 故障处理过程中，注意随时保持与调度的通信畅通。

9. 6kV Ⅱ段电压互感器二次熔断器熔断有什么现象？如何处理？

故障现象：

（1）常规变电所：警铃响；"信号未复归""6kV Ⅱ段电压互感器熔断器熔断"（35kV变电所）光字亮；6kV Ⅱ段绝缘监察电压表指示熔断相电压降低或归零，其他两相不变，与熔断相有关的两个线电压降低。

（2）典型综合自动化变电所：警铃响。前台机发"6kV Ⅱ段所有出线电压互感器断线""2号主变低压侧电压互感器断线"告警。后台机：电压棒图中显示"6kV Ⅱ段相电压熔断相降低，其他两相不变，与熔断相有关的两个线电压降低"，告警信息栏显示"6kV Ⅱ段所有出线电压互感器断线""2号主变低压侧电压互感器断线"告警。

处理方法：

（1）检查、记录与汇报。

① 复归音响，记录时间、现象。

② 检查母线电压表计指示情况。

③ 汇报调度。

（2）检查设备。

① 检查6kV Ⅱ段电压互感器二次回路有无异常。

② 用万用表判断6kV Ⅱ段电压互感器二次熔断器有无熔断。

（3）汇报调度。

（4）执行操作。

① 根据调度命令先解除有关保护，如距离保护、带有电压控制的保护等。

②值班长组织查找原因,消除故障后,更换熔断器恢复正常运行。

(5)填写相关记录。

操作安全提示:

(1)根据现象正确判断是一次熔断器熔断还是二次熔断器熔断。

(2)退出或投入电压互感器的操作避免造成保护误动;所内电压互感器二次侧不能并列者,停用电压互感器前先停用有关的保护。

(3)未消除故障前,不能进行电压互感器二次合环。

(4)故障处理过程中,注意随时保持与调度的通信畅通。

10. 直流系统发生接地故障有什么现象?如何处理?

故障现象:

(1)常规变电所:警铃响;直流屏"直流接地"光字牌亮。

(2)典型综合自动化变电所:警铃响;直流屏直流监控模块告警,显示×极对地电阻降低;后台机发出直流接地告警信息。

处理方法:

(1)检查、记录与汇报。

①复归音响,记录时间及现象。

②常规变电所:通过切换绝缘监察电压表指示判断直流母线正负极接地情况(当正对地电压指示为220V时,判断为负极接地;当负对地电压指示为220V时,判断为正极接地);典型综合自动化变电所:根据直流系统×极对地电阻数值判断直流母线正负极接地情况(正极对地电阻降低判

断为正极接地,负极对地电阻降低判断为负极接地)。

③ 汇报调度。

(2) 执行操作。

① 检查、穿戴安全护具。

② 在调度指挥下用瞬间拉闸的办法查找接地点,应按下述原则进行:先户外,后室内;先备用设备,后运行设备;先新投运设备,后已运行多年的设备;先有疑问、潮湿、污秽严重的设备,后一般的、不太潮湿的设备。检查电源的一般顺序为:临时工作电源、事故照明电源、合闸电源及通信电源、控制电源、蓄电池。若需拉开控制电源,应经调度许可。

③ 当拉开某一回路后,发现接地现象消失时,应该在该回路内寻找故障点,并逐步缩小检查范围。

④ 经过选择后,若故障仍然存在,则应检查直流母线和电流表、电压表、信号回路、蓄电池及充电机有无接地。

⑤ 找到故障点后应尽快消除,如与二次回路有关,应汇报调度及相关领导。

(3) 填写相关记录。

操作安全提示:

(1) 直流接地故障查找应在调度指挥下由两人进行。选择操作时,一人执行,一人监视表计指示。

(2) 禁止造成直流另一点接地或短路,不得造成人身触电。

(3) 查找直流接地故障时,不允许将金属导体在二次回路及端子上触动,防止造成再一点直流接地;在拉开运行设备的熔断器时,应先拉正极后拉负极,恢复时顺序相反(避免产生寄生回路)。

(4) 发生直流接地时，若直流回路有临时工作或使用临时直流电源，应立即停止工作，首先检查该回路是否接地。

(5) 当操作某一设备瞬间发生直流接地时，应首先判断该回路有无接地点。

(6) 阴雨天发生接地时，应仔细检查户外端子箱、机构箱及刀闸转换接点箱有无进水或端子结露，必要时应在雨后进行通风处理。

(7) 拉开某一回路时间不应超过3s。拉路试验时，相关保护退出不得超过10min。

(8) 故障处理过程中，注意随时保持与调度的通信畅通。

11. 三绕组变压器110kV复合电压闭锁过流保护动作有何现象？如何处理（6kV侧分列运行）？

故障现象：

(1) 常规变电所：警铃、警笛响；"信号未复归""×号主变风冷电源故障""35kV×段母线YH断线""35kV×段所有出线交流电压回路断线""故障录波器动作"光字牌亮；故障主变110kV侧复合电压闭锁过流信号继电器动作，非故障主变110kV侧复合电压闭锁过流跳35kV母联开关信号继电器动作；故障变压器各侧开关及35kV母联开关红灯熄灭、绿灯闪光，交流表计指示归零，电能表停止脉冲；35kV、6kV×段母线失电，电压表指示归零（若带有电容器或直配电动机，其低电压保护信号继电器动作，开关跳闸），35kV、6kV×段所有出线负荷归零，电能表停止脉冲；相应所用变失电；故障录波器启动。

(2) 典型综合自动化变电所：警铃、警笛响。前台机：

故障变压器后备保护装置"保护动作""告警"灯亮,液晶窗显示保护动作报文;故障变压器各侧开关及35kV母联开关红灯熄灭、绿灯亮,电能表停止脉冲;35kV、6kV×段母线所有出线发"电压互感器断线"告警,电能表停止脉冲。后台机:主接线模拟图显示故障变压器各侧开关及35kV母联开关变位闪烁;告警信息栏显示保护、开关等动作信息;35kV、6kV×段母线电压归零,故障变压器及35kV、6kV×段所有出线负荷归零(若带有电容器或直配电动机,发低电压保护动作报文,开关跳闸)。

处理方法:

(1) 检查、记录与汇报。

① 复归音响,记录时间、现象。

② 检查开关灯光指示、保护动作信号是否正常。

③ 汇报调度,复归跳闸开关操作把手(常规变)。

(2) 检查设备。

① 检查、穿戴安全护具。

② 检查动作保护范围内一、二次设备(包括跳闸开关)有无异常,检查开关开、合位置是否正常。

(3) 根据现象及检查结果综合分析。

(4) 汇报调度。

(5) 执行操作。

① 经调度许可复归保护动作信号。

② 在调度指挥下将故障设备停电,恢复失电母线的供电。

③ 布置好安全措施,等待检修人员处理故障。

(6) 填写相关记录。

操作安全提示：

(1) 变压器后备保护动作跳闸后，应对保护范围内设备进行认真检查，确认无异常后，可以在调度的指挥下进行一次试送电。

(2) 巡视检查至少两人进行，应穿戴安全护具，注意与带电设备保持足够的安全距离。

(3) 如所内无故障，应主动向调度了解事故原因。

(4) 事故处理过程中，注意随时保持与调度的通信畅通。

12. 三绕组变压器 6kV 总过流保护动作有何现象（6kV 侧分列运行）？如何处理？

故障现象：

(1) 常规变电所：警铃、警笛响；"信号未复归""故障录波器动作"光字牌亮；故障主变 6kV 总过流保护信号继电器动作；故障变压器低压侧开关红灯熄灭、绿灯闪光，交流表计指示归零；6kV × 段母线失电，电压表指示归零（若带有电容器或直配电动机，其低电压保护信号继电器动作，开关跳闸），6kV × 段所有出线负荷归零，电能表停止脉冲；相应所用变失电；故障录波器启动。

(2) 典型综合自动化变电所：警铃、警笛响。前台机：故障变压器后备保护装置"保护动作""告警"灯亮，液晶窗显示保护动作报文；故障变压器低压侧开关红灯熄灭、绿灯亮；6kV × 段母线所有出线发"电压互感器断线"告警，电能表停止脉冲。后台机：主接线模拟图显示故障变压器低压侧开关变位闪烁；告警信息栏显示保护、开关等动作信息；6kV × 段母线电压归零，该母线所有出线负荷归零（若带有电容器或直配电动机，则发低电压保护动作报文，开关跳闸)。

处理方法：

(1) 检查、记录与汇报。

① 复归音响，记录时间、现象。

② 检查开关灯光指示、保护动作信号是否正常。

③ 汇报调度，复归跳闸开关操作把手（常规变）。

(2) 检查设备。

① 检查、穿戴安全护具。

② 检查动作保护范围（6kV 母线及出线）内一、二次设备（包括跳闸开关）有无异常，检查开关开、合位置是否正常。

(3) 根据现象及检查结果综合分析。

(4) 汇报调度。

(5) 执行操作。

① 经调度许可复归保护动作信号。

② 在调度指挥下将故障设备停电，恢复无故障设备的供电。

③ 布置好安全措施，等待检修人员处理故障。

(6) 填写相关记录。

操作安全提示：

(1) 变压器后备保护动作跳闸后，应对保护范围内设备进行认真检查，确认无异常后，可以在调度的指挥下进行一次试送电。

(2) 巡视检查至少两人进行，应穿戴安全护具，注意与带电设备保持足够的安全距离。

(3) 如所内无故障，应主动向调度了解事故原因。

(4) 事故处理过程中，注意随时保持与调度的通信畅通。

13. 避雷器故障有什么现象？如何处理？

故障现象：

避雷器故障（击穿）。

处理方法：

(1) 检查、记录与汇报。

① 记录时间及现象。

② 汇报调度。

(2) 执行操作。

① 穿戴安全护具进行检查。

② 在调度指挥下将损坏的避雷器及其设备隔离。

③ 布置好安全措施进行更换。

④ 经过更换，且试验合格后，恢复送电。

(3) 填写相关记录。

操作安全提示：

(1) 发生接地时，室内不能进入 4m 以内，室外不能进入 8m 以内。

(2) 进入人员应穿绝缘靴，接触设备的还应戴绝缘手套。

(3) 不能采取拉开刀闸的方式隔离故障避雷器。

14. 电压互感器故障有什么现象？如何处理？

故障现象：

(1) 电压互感器漏油。

(2) 电压互感器内部异响，内部有放电声。

处理方法：

(1) 检查、记录与汇报。

① 记录时间及现象。

② 汇报调度。

(2) 执行操作。

① 穿戴安全护具进行检查，增加此设备巡视次数。

② 必要时在调度指挥下将设备隔离。

③ 布置好安全措施进行维修。

④ 维修且试验合格后，恢复送电。

(3) 填写相关记录。

操作安全提示：

(1) 进入人员应穿绝缘靴，接触设备应戴绝缘手套。

(2) 发生接地时，室内不能进入 4m 以内，室外不能进入 8m 以内。

15. 所用变故障有什么现象？如何处理？

故障现象：

(1) 所用变失电，交直流自动切换，事故照明灯亮，充电机停运，1、2 号主变盘发主变风冷"1、2 号工作电源故障""过温度"光字。

(2) 所用变严重漏油。

处理方法：

(1) 检查、记录与汇报。

① 记录时间及现象。

② 汇报调度。

(2) 执行操作。

① 穿戴安全护具进行检查，调整直流装置运行状态。

② 运行所用变过负荷时，进行负荷调整。

③ 在调度指挥下将停运的所用变隔离。

④ 布置好安全措施进行维修。

⑤ 经过维修，且试验合格后，恢复送电。

(3) 填写相关记录。

操作安全提示：

(1) 进行对比检查，以免误判为全所失电。

(2) 检查人员应穿戴安全护具。

(3) 隔离变压器时应先低压后高压。

16. 开关套管严重破损有什么现象？如何处理？

故障现象：

开关套管严重破损。

处理方法：

(1) 检查、记录与汇报。

① 记录时间及现象。

② 汇报调度。

(2) 执行操作。

① 检查时穿戴安全护具。

② 在调度指挥下将故障开关隔离。

③ 重要负荷暂时无法停运的，将运行的故障开关进行减负荷处理。

④ 等停电后，布置好安全措施进行维修。

⑤ 经过维修，且试验合格后，恢复送电。

(3) 填写相关记录。

操作安全提示：

(1) 检查时，检查人与设备保持足够的安全距离。

(2) 检查人员应穿戴安全护具。

(3) 母差回路中的故障开关，且两侧有地线，需做开关传动时，应拆除其中一组接地线。

17. 过负荷有什么现象？如何处理？

故障现象：

35kV 某一条线路电流表或遥测电流值超过红线值。

处理方法：

（1）检查、记录与汇报。

① 记录时间及现象。

② 汇报调度。

（2）执行操作。

① 穿戴安全护具，检查过负荷线路的一、二次设备是否正常。

② 加强过负荷回路的检查，相应增加巡视次数。

③ 必要时，在调度指挥下将负荷转移。

（3）填写相关记录。

操作安全提示：

（1）重点检查一、二次设备的各接点，有无过热现象。

（2）检查设备时，检查人员应穿戴安全护具。

（3）使用红外设备检查设备温度时，应与设备保持足够的安全距离。

18. 充电机停运有什么现象？如何处理？

故障现象：

铃响，直流屏发"充电机故障"光字牌，硅整流输出电压表、电流表指示归零。

处理方法：

（1）检查、记录与汇报。

① 记录时间及现象。

② 汇报调度。

（2）执行操作。

① 检查、调整直流装置运行状态。

② 启动备用充电机，恢复直流装置运行。

③ 无法恢复充电机运行的，应立即汇报调度。

④ 必要时，应增加临时直流电源装置，替代原有直流装置运行。

⑤ 原装置经过维修，且试验合格后，恢复运行。

（3）填写相关记录。

操作安全提示：

（1）直流负荷由蓄电池接代期间，加强电池的检查，并及时进行调整。

（2）电池电压降至低限时，应立即汇报调度，停用相应设备。

19. 电气设备火灾、爆炸有什么现象？如何处理？

故障现象：

绝缘击穿放电打火，出现接地、短路跳闸、充油设备油着火，室内浓烟弥漫，低压交流电缆或其他物品着火。

处理方法：

（1）检查、记录与汇报。

① 记录时间及现象。

② 汇报调度。

（2）执行操作。

① 穿戴防护用具，检查着火地点。

② 遇有大火时，应及时报警，寻求帮助。

③ 在调度指挥下隔离着火设备。

④ 布置好安全措施进行火灾扑救。

（3）填写相关记录。

操作安全提示：

（1）扑救电气设备火灾时，不得带电时用水扑救。

（2）扑救人员在扑救时应站在上风侧。

参考文献

［1］张全元．变电运行现场技术问答［M］．北京：中国电力出版社，2013．

［2］鲍晓峰，董博武，黄北刚．变电站倒闸操作与事故处理［M］．北京：中国电力出版社，2008．

［3］陈化钢，张开贤，程玉兰．电力设备异常运行及事故处理［M］．北京：中国水利水电出版社，1998．

［4］GB 26860—2011 电力安全工作规程 发电厂和变电站电气部分［M］．北京：中国标准出版社，2012．

［5］国家能源局．电力变压器运行规程［M］．北京：中国电力出版社，2021．